AF177197

Hanna Johansen

DINOSAURIER GIBT ES NICHT

Mit Linolschnitten
von Hanna Johansen

NAGEL & KIMCHE

Der neue Name

Ich heiße jetzt Zawinul. Ich habe ihn geerbt, den Namen, aber nicht von meinen Eltern. Von einem Freund habe ich ihn geerbt, denn Zawinul ist ein Name zum Weitergeben. Ein paar Jahre hat er es ausgehalten, so zu heißen. Dann hatte er genug davon. Warum? Nichts als Ärger, hat er gesagt. Aber das war später. Am Anfang war mein Freund begeistert. Denn als er Zawinul hieß, erlebte er jeden Tag etwas, was es gar nicht gibt. Bis dahin war sein Leben zu langsam, zu ordentlich und vor allem zu langweilig gewesen. Damit war es vorbei.
Es ging alles viel schneller. Lästige Arbeiten wurden fast von selber fertig. Feiertage, auf die er sonst lange gewartet hatte, kamen sofort. Bis zum Sommer dauerte es etwas länger, aber nicht so lange wie früher. Langeweile gab es nicht mehr.
»Omps!«
Und vom Wichtigsten haben wir noch nicht gesprochen. Alles Mögliche, was eigentlich unmöglich war, wurde möglich, sobald Zawinul in der Nähe war. Und wenn er seine Geschichten erzählte, dann klangen sie so unwahr-

scheinlich, dass ihm niemand glauben wollte. Dabei hatte er sie selbst erlebt. Seine Freunde nahmen es ihm nicht übel. Aber wenn sie hörten, was er erlebt hatte, sagten sie: »Alles Unsinn.«

»Omps!«

»Omps?«, sagte ich zu mir. »Wer sagt hier ›Omps‹?«

»Omps!«

»Ruhe!«, sagte ich, weil mich das Ompsen störte. Aber es war niemand da, und wenn niemand da ist, kann auch niemand mit Ompsen aufhören.

Ein Tag war erst vergangen, seit mich mein Freund gefragt hatte, ob ich seinen Namen haben wollte. Ich war ganz wild darauf, Zawinul zu heißen. Und mein Freund Zawinul war ganz wild darauf, mir seinen Namen zu schenken. Er machte einen Luftsprung, drückte mir die Hand und sprach: »Viel Glück, Zawinul.« Und ich war glücklich.

»Omps!«

Ich hatte noch nie gehört, dass jemand »Omps« sagt. Außerdem knisterte es. Damit muss man rechnen, wenn man Zawinul heißt. Man bildet sich alles Mögliche ein.

»Omps!«

Ich hatte zu viel zu Mittag gegessen. Das vertrage ich nicht. Aber ist das ein Grund, an meinem Verstand zu zweifeln? Vielleicht. Ich zählte, was von meinen Ostereiern übrig geblieben war: eins, zwei, drei. Sehr gut. Ich war zufrieden mit mir, denn wenn ich bis drei zählen konnte, funktionierte mein Verstand noch. Essen konnte man die Eier natürlich nicht mehr. Sie standen auf der Fensterbank zwischen dem Kaktus und dem Spargelkraut. Darüber erhob sich die Kübelpalme. Die drei Eier lagen in einem grünen Nest, das mit grüner Holzwolle ausgepolstert war. Eins war mit Goldfischen verziert, das andere mit hellblauen Osterhasen. Das dritte Ei gefiel mir am besten. Mit Farnen und Pflanzen war es bemalt, die ich noch nie gesehen hatte, und hinter diesen Pflanzen schaute ein kleines Tier hervor. Das Tier sah aus wie eine Eidechse, etwas missraten, aber ich konnte mir denken, was es sein sollte. Die Linien waren so fein gezeichnet, dass sie aussahen wie Risse in der Eierschale. Für mich war es ein besonderes Ei. Im Garten hatte ich es gefunden, unter den Osterglocken.

Aber wer war es nun, der »Omps« sagte? Ich war allein zu Hause. Vielleicht war ich es selber? Vielleicht saß ich, Zawinul, an einem sonnigen Nachmittag am Fenster und sagte »Omps«, ohne es zu merken. Das kommt vor, besonders wenn man zu viel gegessen hat.

»Omps!«

Nein, das war nicht ich.

Wer war es dann? Ich schaute unter den Tisch. Ich legte mich auf den Bauch, um unterm Sofa nachzusehen, ob sich darunter jemand versteckt hatte, der »Omps» sagte. Natürlich war niemand unter dem Sofa. Jeder weiß, dass dort nie jemand ist. Es war auch niemand unter dem

Schrank. Und oben auf dem Schrank war erst recht kein Mensch. Das war schon schwieriger herauszufinden. Ich musste einen Stuhl holen und auf die Lehne steigen. Oben sah ich mit einem Blick, dass auf dem Schrank niemand lag. Dann brach der Stuhl zusammen. Ich war noch heil, der Stuhl nicht. Vorsichtig schleppte ich die Teile ins Nebenzimmer und versteckte sie unter dem Bett. Was unter dem Bett ist, kann man für eine Weile vergessen.

Den ganzen Nachmittag war ich allein zu Hause. Ich stand am Fenster im dritten Stock und horchte. Das Haus war voller Geräusche. Rauschen, Klirren, Klappern. Türenschlagen, Stimmen, Musik. Knurren und Klingeln. Ich hörte auch Bellen, Kreischen und Pfeifen. Ich hörte noch viele andere Geräusche, die ich kannte. Sie gehörten zu diesem Haus. Aber eine Stimme, die sehr leise »Omps« sagt, die gehörte nicht dazu.

»Omps!«

Außerdem knisterte es. Genauer gesagt, es war eins von meinen drei Eiern, das so knisterte. Und es war dieses Ei, das »Omps« sagte.

Das gibt es nicht, dachte ich. Ostereier knistern nicht, und Ostereier reden nicht. Ostereier sind mausetot, weil sie gekocht sind. Vielleicht war das Ei gar nicht gekocht? Es hatte ein paar Wochen in der brütenden Aprilsonne gelegen, die zum Fenster hereinschien. Vielleicht hatte die Sonne ein kleines Huhn ausgebrütet, und das versuchte jetzt, aus dem Ei herauszukommen? Das gibt es, aber nicht bei Hühnern.

»Zawinul«, sagte ich zu mir selber, um mich an den neuen Namen zu gewöhnen. »Zawinul, das ist eine ziemlich blöde Idee.«

Das Ei war kleiner als die andern. Es hatte auch nicht die gleiche Form. Platter war es und länglicher. Und dann sah ich, wie sich Risse zwischen den Farnen auftaten und länger und breiter wurden, bis das Ei schließlich auseinandersprang. Von selber. Ein Kopf schaute heraus. Sein Blick war etwas glasig. Er hatte schwarze Augen und einen sehr dünnen Hals. Dass das kein Huhn war, konnte ich auf den ersten Blick sehen.

Ich sagte: »Zawinul, was für ein Vogel ist das, wenn es kein Huhn ist?«

Das Tier war ein ziemlich komischer Vogel, denn es hatte keine Federn. Es hatte auch keine Haare und keine Borsten. Es war vollkommen nackt.

Ich stand am Fenster, starrte die Wolken an und überlegte. Dann starrte ich wieder das Tier an, schüttelte den Kopf und flüsterte: »Zawinul, was du hier siehst, das gibt es nicht.«

»Omps!«, flüsterte das Tier.
Das war nicht nur kein Huhn, es war überhaupt kein Vogel. Sein Gesicht war voller Falten. Es hatte Ähnlichkeit
mit einer Eidechse. In gewisser Weise. In gewisser Weise
aber auch nicht. Eidechsen kommen nicht aus so großen
Eiern. Es hatte auch Ähnlichkeit mit einem Krokodil.
Aber Krokodile kommen nicht aus so kleinen Eiern.
Ich hatte einen Verdacht. Ich will lieber nicht davon sprechen. Schließlich war es nur ein Verdacht.

Das Tier legte so etwas wie winzige Händchen auf den
Rand der Eierschale und stemmte sich hoch. Seine Haut
war vollkommen verschrumpelt. Es drehte seine schwarzen Augen nach links, nach rechts, nach oben, schaute
über den Rand der Eierschale in die Tiefe, nickte dann
erleichtert und sagte: »Comps!!!«

Ein sonderbares Küken

 Die Wahrheit muss irgendwann heraus. Mein Verdacht war richtig. Was sich da auf meiner Fensterbank aus meinem Osterei herausgearbeitet hatte, war kein Vogel. Es war keine Eidechse und keine Schlange. Es war nicht mal ein Krokodil. Darüber war ich froh, denn Krokodile beißen. Es konnte nichts anderes sein als ein Dinosaurier. Der sah mich jetzt sehr aufmerksam an. Er flüsterte noch einmal: »Comps!« Dann legte er den Kopf auf den Rand der Eierschale, um sich auszuruhen. Die Augen fielen ihm zu.

Bis jetzt hatte ich nur die obere Hälfte gesehen. Aber es gab keinen Zweifel. Nicht umsonst hatte ich all die Bücher über Dinosaurier gelesen. Er hatte keine Stacheln, keine Hörner, keine Halskrause, keine großen Hornplatten, er hatte bloß Falten. Wahrscheinlich hatte er noch nicht mal Zähne, aber das konnte ich nicht sehen, als er vollkommen erschöpft und mit geschlossenen Augen über den Rand seiner Eierschale hing. Ich sah ihm beim Schlafen zu. Schön war er nicht. Trotzdem hatte ich ihn schon beim ersten Blick gern. Das lag wahrscheinlich nicht daran, dass er ein Dinosaurier war. Es lag daran, dass er so

klein war. Alle Kinder sind niedlich, jedenfalls am Anfang. Er war nicht halb so groß wie meine Hand. »Zawinul«, sagte ich, »freu dich nicht zu früh. Sie wachsen.«
Ich wusste nicht, ob ich lachen oder weinen sollte. Wir wissen alle, was aus Dinosauriern wird, wenn sie erst einmal aus dem Ei heraus sind. Die Frage war, wie schnell sie wachsen. Und wie lange sie wachsen.
Leise stand ich auf, um meine Bücher zu holen. Was ich erfuhr, war Folgendes: Sie wachsen am Anfang sehr schnell, mit der Zeit immer langsamer, hören aber bis zum Lebensende nicht damit auf. Manche Dinosaurier werden dreißig Meter lang, das weiß jedes Kind. Aber niemand weiß genau, ob sie dann so schwer sind wie zwölf Elefanten oder doch nur so schwer wie drei Elefanten. Für mich war es in diesem Augenblick nicht wichtig, ob sie achtzig oder fünfzehn Tonnen schwer waren. Für mich war eine einzige Tonne schon zuviel, wenn sie sich auf meiner Fensterbank niederließ.

Andere Dinosaurier dagegen wurden nicht mal halb so groß. Wenn sie sich aufrichteten, waren sie bloß so hoch wie ein Wohnhaus mit zwei Stockwerken. Dafür waren sie aber zehnmal so gefährlich wie die großen. Zweifelnd schaute ich das winzige Tier unter der Kübelpalme an. Es seufzte im Schlaf und flüsterte:

Ein Elefant frisst jeden Tag hundertsiebzig Kilogramm frisches Futter. Ich konnte mir nicht vorstellen, wie groß ein Haufen von hundertsiebzig Kilogramm ist. Noch weniger konnte ich mir vorstellen, wieviel ein Tier frisst, das so viel wiegt wie eine ganze Elefantenherde.
»Zawinul«, sagte ich, »bist du sicher, dass dir das gefällt?«
»O?«, sagte die Stimme.
Das sonderbare Küken war wieder aufgewacht, hob seinen Kopf und fing sofort an, über den Rand der Eierschale zu klettern. Es fiel herunter und blieb im Nest auf der grünen

Holzwolle liegen. Dann kletterte es weiter abwärts, bis es auf der Fensterbank saß, zwischen dem Kaktus und dem Spargelkraut, ohne jeden Zweifel ein Dinosaurier, wenn auch ein kleiner. Sein Hinterteil war genauso, wie ich es erwartet hatte: mit einem langen Schwanz und zwei kräftigen Beinchen, die aussahen, als würden sie noch sehr viel länger und sehr viel kräftiger werden. Seine Ärmchen dagegen waren ausgesprochen winzig und hatten hübsche kleine Krallen. Zwei, nicht mehr. »O?«, sagte er wieder, wobei er erst mich und dann alles andere fragend ansah.

Mir kam ein Gedanke, der mir überhaupt nicht gefiel. Vielleicht hatte er Hunger? Was nun?

Woher sollte ich wissen, was man tun muss, wenn ein Dinosaurierküken Hunger hat? Gras holen? Nüsse oder Haferflocken? Zum Glück wusste ich, dass Küken, wenn sie sich aus ihrem Ei herausgearbeitet haben, nicht sofort etwas zu essen brauchen. Es eilte nicht mit dem Löwenzahnschneiden. Vielleicht aber war es mit Löwenzahn nicht getan, wenn der Hunger kam. Vielleicht brauchte so ein Tier Wasserlinsen oder Seerosenblüten. Oder mussten es eher Fliegen sein? Musste ich Würmer, Tausendfüßler und Schnecken jagen? Und musste ich sie im Kühlschrank aufbewahren, gleich neben dem Salat und dem Käse?

Mein Dinosaurier begann herumzulaufen. Herumlaufen ist nicht das richtige Wort für seine Art, sich voranzubewegen. Er versuchte es mehr oder weniger mit allen vier Beinen. Das sah ganz falsch aus, weil die Vorderbeine zum Laufen viel zu kurz waren. Aber ohne sie ging es auch nicht, weil die Hinterbeine viel zu wacklig waren. So stolperte er vorwärts.

Er wollte alles sehen. Er wollte auch alles riechen. Dabei klang es, als murmelte er immer wieder ein Wort vor sich hin: »Gnathus ... gnathus ... gnathus ...«
»Gnathus?«

Er zog sich an den Blumentöpfen hoch, um hineinzusehen. Das ging nur bei den kleinen. Bei der Kübelpalme hob er seinen spitzen Kopf in den Nacken, schaute hinauf und konnte sich nicht sattsehen an den vielen gefiederten Blättern.

»Gnathus!«, murmelte er.

»Gnathus?« Was wollte er damit sagen?

»Zawinul«, sagte ich zu mir, »du musst seine Sprache lernen.«

Vier Wörter hatte ich bis jetzt von ihm gehört. »Omps« sagte er jedesmal, wenn er etwas Schwieriges tun musste. »Comps« sagte er, wenn er es geschafft hatte. Er sagte »O?«, um etwas zu fragen, und »Gnathus» für alles übrige. Soweit war das nicht schwierig. Die eigentlichen Schwierigkeiten fingen erst nachher an.

Ich nahm meinen Dinosaurier, steckte ihn in die Jacken-
tasche, damit er bei den Blumentöpfen keinen Unsinn
anstellen konnte, und ging zum Telefon.

»Ich komme sofort«, sagte mein Freund. Es war
der, der früher einmal Zawinul geheißen und den
Namen dann an mich weitergegeben hatte. Er hat
immer Zeit, wenn ich ihn brauche. Er sah sich das
Tier gründlich an.

»Zawinul«, sagte er kopfschüttelnd, »bei dir klappert
es. Was immer es ist, dieses Tier, ein Dinosaurier
kann es nicht sein.«

»Und warum nicht?«

»Soweit ich weiß, sind Dinosaurier sehr viel größer.«

»Auch Dinosaurier müssen klein anfangen«, sagte ich.

»Außerdem sind Dinosaurier ausgestorben.«

»Das hab ich auch schon gehört. Aber muss man alles glauben, was in den Büchern steht? Vielleicht ist es nicht wahr. Haben die Bücher nicht auch lange Zeit behauptet, dass die Erde eine Scheibe ist und dass wir an den Rändern herunterfallen können?«

Dagegen konnte er nichts sagen. Aber er schüttelte trotzdem seinen Kopf.

»Und wenn heute doch noch mal einer ausschlüpft«, sagte mein Freund schließlich, »warum sollte er es ausgerechnet in der Solnhofener Straße 140 auf deiner Fensterbank tun, Zawinul?«

Darüber konnte ich nur lachen. Denn wenn ein so ungewöhnliches Ereignis sich ereignet, dann kann es sich doch wohl nirgendwo anders ereignen als auf meiner Fensterbank. Schließlich heiße ich jetzt Zawinul und nicht er.

»Und überhaupt«, sagte ich zum Schluss, »was soll es denn sonst sein, wenn es kein Dinosaurier ist, hm?«

Ich dachte, darauf würde ihm nichts mehr einfallen. Aber er hatte sogar mehr als eine Antwort. »Eine Meerechse«, sagte er. »Ein Waran, ein Leguan, ein…«

»Und wie sollen die über die Meere in die Solnhofener Straße kommen?«

»Mit einem Schiff, Zawinul.«

»Warten wir's ab«, sagte ich. »Wir werden ja sehen, was aus ihm wird.«

Ungeheuer groß

 Es war ein schöner Tag im Mai. Die Sonne schien hell zum Fenster herein. Ich starrte düster zum Fenster hinaus und dachte: ›Zawinul, es sieht ganz so aus, als hättest du jetzt einen Dinosaurier.‹ Das hört sich schön an, aber ehrlich gesagt, ich hätte lieber ein Huhn oder einen Papagei gehabt. Bei denen weiß man, wie groß sie werden. Außerdem begann es von Neuem sehr sonderbar zu knistern, auf meiner Fensterbank. »Nicht schon wieder«, sagte ich. »Ein Dinosaurier genügt.«

Zwei Eier lagen immer noch im Nest, das eine bemalt mit einem Goldfisch und das andere mit hellblauen Osterhasen. Und als es knisterte, stellte ich mir vor, wie sie langsam von innen aufgeknackt wurden und wie dann aus dem einen ein Goldfisch herauskam und aus dem andern ein blauer Hase.

Das ist unmöglich, Zawinul, dachte ich.

Aber ist nicht ein Dinosaurier auch unmöglich? Das ist hier die Frage. Wenn Dinosaurier möglich sind, sind Goldfische und blaue Hasen auch möglich. In diesem

Augenblick waren sie jedoch nicht möglich, weil das Knistern gar nicht aus den Eiern kam. Es kam von meinem sonderbaren Küken, das zwischen den Blumentöpfen herumlief. Es stand schon besser auf den Hinterbeinen und brauchte die Vorderfüße kaum noch. Vielleicht habe ich mich geirrt, dachte ich. Vielleicht muss man diesem Tier einfach Zeit lassen. Vielleicht wird doch noch ein Vogel aus ihm. Vielleicht bekommt es seine Federn, wenn es etwas größer ist. Vielleicht hat mein Freund recht, wenn er nicht an Dinosaurier glaubt, die aus Ostereiern schlüpfen. Das ist Unsinn. Das heißt, es wäre Unsinn, wenn er hier nicht leibhaftig vor mir stünde.

»Omps«, sagte der Dinosaurier auf meiner Fensterbank. Er schnüffelte an den Pflanzen, die dort stehen.
»Bitte nicht fressen!«, sagte ich.

Er dachte nicht daran, sie abzufressen. Das freute mich wegen der Pflanzen. Aber was den Dinosaurier betraf, freute es mich weniger. Denn wenn er keine Pflanzen fraß, musste er ein Fleischfresser sein. Vegetarier sind leichter zu füttern. Ich versuchte es mit Gras. Er rührte es nicht an. Er fraß keinen Salat, er fraß keine Äpfel. Er fraß nicht mal die ersten Pfingstrosen. In der Kaktusschale hielt er nach Steinen Ausschau. Er pickte sich ein paar davon heraus, behielt sie eine Weile im Maul und verschluckte sie dann. Wunderbar, dachte ich. Tiere, die mit Steinen zufrieden sind, sind leicht zu füttern. Aber ich hatte mich zu früh gefreut. Er war damit nicht zufrieden. Steine waren nur die Vorspeise, die den Hunger größer macht. Und es war nicht zu übersehen, dass er hungrig geworden war. Ich musste etwas zu essen besorgen, und zwar bald. Und es musste etwas Lebendiges sein.

»Zawinul«, sagte ich, »jetzt geht es ans Fliegenfangen, ans Würmerausgraben und Schneckenjagen.«

Zum Glück fiel mir etwas Einfacheres ein. Für den Anfang versuchte ich es mit Katzenfutter. Ich hatte immer ein paar Dosen im Hause, weil ich ab und zu Besuch bekam von einer Katze. Sie kletterte über die Dächer, sprang auf meinen Balkon und sagte »Miau«, bis ich ihr etwas zu essen gab. Ich machte eine Dose auf und legte ein paar Brocken Rindfleisch auf einen Teller.

Mein Dinosaurier fraß sie, schaute mich an und sagte: »Schmeckt gut!«

Wer mir bis hierher geglaubt hat, wird jetzt den Kopf schütteln. Dass ein Dinosaurier aus einem Osterei ausschlüpft, das kann der Mensch glauben. Dass er Katzenfutter frisst, klingt überzeugend. Aber dass der Dinosaurier dann »Schmeckt gut!« sagt, das geht zu weit.

Ich will es kurz machen. Mein sonderbarer Vogel hatte Tag und Nacht Hunger. Er fraß und fraß, bekam aber keine Federn. Er fing an zu wachsen.
Wachsen ist etwas Wunderbares. Ich habe zwar keine Ahnung, wie man es macht. Ich weiß nicht, was ich tun muss, damit mein Bein oder mein Arm länger wird. Aber trotzdem kann ich sie wachsen lassen, denn sonst wären ja meine Arme und Beine nicht so lang geworden, wie sie heute sind. Mein Dinosaurierküken konnte es auch. Ich sah ihm beim Wachsen zu und dachte: Wie soll das weitergehen?
Bilder von Füßen kamen mir in den Sinn, die allein so groß waren wie ein Mensch. Skelette sah ich vor mir, die vom einen Ende eines Museums bis zum andern reichten. Zähne hatte ich gesehen, so lang wie Brotmesser und so

scharf wie Dolche mit gebogenen Klingen und gezackten Rändern. Eine Menge Zahlen gingen mir durch den Kopf. Drei, neun, fünfzehn, einundzwanzig, siebenundzwanzig, fünfunddreißig Meter.

Wer wüsste nicht, wie groß Dinosaurier werden können? Noch war mein Dinosaurier ein liebenswürdiges kleines Tier. Aber ich machte mir Sorgen.

»Reg dich nicht auf, Zawinul«, sagte ich, »wir werden ja sehen, was aus ihm wird.«

Ihm schien das gleich zu sein. Er saß ganz still und horchte auf das Brummen einer Fliege. Sie versuchte, in immer neuen Anläufen an immer neuen Stellen durch das Fensterglas ins Freie hinauszufliegen. Mein Dinosaurier sprang. Und er sprang nicht daneben. Er schaute sich die Fliege in seinen Händen eine Weile an. Dann steckte er sie in den Mund und zerbiss sie. Dass er keine Zähne hatte, war Unsinn. Er hatte ziemlich viele und ziemlich scharfe Zähne. Zum Glück waren sie klein.

›Zawinul‹, dachte ich, ›jede einzelne Fliege wird ihn ein Stückchen größer machen.‹ Die Frage war, wie groß.

»Sehr groß«, sagte der Dinosaurier.

»Und wie groß ist sehr groß?«

»Ungeheuer groß«, sagte der Dinosaurier.

Das hatte ich befürchtet. »Wie groß ist ungeheuer groß?«

»Ungefähr so!«, sagte er, stellte sich auf seine Hinterbeine und reckte sich in die Höhe. Er konnte auf diese Weise bereits über den Kübelrand der Kübelpalme schauen.

»So groß!«

»Nicht größer?«

»Noch größer?«, fragte er, wobei er mich vorwurfsvoll ansah. »Ist das nicht groß genug?«

»O ja«, sagte ich erleichtert. »Es ist groß genug.«

Aber ehrlich gesagt, ich glaubte ihm nicht. Was konnte ein so kleines Tier, das eben erst aus dem Ei geschlüpft war, von Dinosauriern wissen? Ich wurde den Verdacht nicht los, dass er bald so groß sein würde wie ein Triceratops und dann wie ein Tyrannosaurus. Möglicherweise würde er auch dann nicht aufhören mit dem Wachsen, wenn er so groß war wie ein Brachiosaurus, bis er am Ende die Größe eines Supersaurus erreicht hatte. Und was dann?

»Reg dich nicht auf, Zawinul«, sagte ich. »Schau nach.«

Ich zog meine Jacke an.

»Wo gehst du hin?«, quiekte mein Dinosaurier. »In die Bibliothek«, sagte ich. »Und du bleibst hier und legst dich auf dein Kissen.« Ich hatte ihm in einem Korb einen warmen Platz zum Schlafen bereitgemacht. Der Korb stand neben meinem Bett, damit er sich nicht einsam fühlte. »Bitte nicht quieken!«, sagte ich, weil er mich so ansah, als wollte er mich nicht gehen lassen. Er quiekte trotzdem.

Dann ging ich in die Bibliothek, um mehr Bücher auszuleihen. Neu mussten sie sein. Vor Kurzem kannte man vielleicht dreihundert Arten von Dinosauriern oder, um genau zu sein, zweihunderteinundachtzig mit Sicherheit und neunundsechzig möglicherweise. Und es konnten täglich neue gefunden werden, denn unzählige Paläontologen waren mit ihren Schaufeln und Bürsten unterwegs, um mehr Knochen von ausgestorbenen Tieren auszugraben. Wie sollte ich da herausfinden, was für einen Dinosaurier ich hatte? Und vielleicht gehörte er zu einer Art, die noch gar nicht entdeckt war?

Als ich mit den Büchern nach Hause kam, machten die Nachbarn ihre Tür auf, um mich zu warnen. Sie hatten merkwürdige Geräusche gehört, die aus der Küche kamen. »Vielleicht ist etwas kaputt«, sagten sie.

In der Küche war nichts kaputt. Es lagen nur Kochtöpfe am Boden. Ich räumte alles wieder ein, setzte mich an den Tisch und schlug die Bücher auf, um herauszufinden, was für einen Dinosaurier ich hatte. Es war gar nicht so schwierig, wie ich dachte. Die meisten Arten musste ich gleich beiseitelassen. Schließlich hatte er keine Stacheln, keine Hörner, keine Halskrause, keine großen Hornplatten, er hatte bloß Falten, die sich jedoch zu glätten schienen. Die Pflanzenfresser konnte ich auch vergessen, denn er hatte immer noch keine Lust, sich von Schachtelhalm, Farnwedeln, Palmfarnen oder Kiefernnadeln zu ernähren. Manche Dinosaurier in den Büchern hatten zu lange Vorderbeine, andere zu breite Füße oder zu viele Zehen. Aber Daspletosaurus, Tarbosaurus und Tyrannosaurus mit ihren zwei Krallen passten nicht schlecht. Der Gedanke machte mir Herzklopfen.

»Reg dich nicht auf«, sagte ich noch einmal. »Schau genau hin.«

Bei genauem Hinsehen hatten Daspletosaurus, Tarbosaurus und Tyrannosaurus einen zu kurzen Hals und einen zu dicken Kopf. Und dann blieb nur noch einer übrig: der Compsognathus. »Ein flinker, zweibeinig sich fortbewegender Räuber«, las ich, »ein hühnervogelgroßer Dinosaurier aus den lithografischen Schiefern von Solnhofen …« Das musste er sein.

»Jetzt weiß ich, wie du heißt«, sagte ich zu meinem Dinosaurier. »Compsognathus!«

Er lachte. »Das hätte ich dir gleich sagen können«, sagte der Compsognathus. Dann fragte er mich: »Und wie heißt du?«

»Zawinul.«

»Ein komischer Name. Bist du sicher, dass du so heißt?«

»Natürlich heiße ich Zawinul«, sagte ich. In Wahrheit war ich nicht so sicher. Der Name war noch ziemlich ungewohnt für mich und nicht richtig angewachsen, wie es alte Namen sind.

Compsognathus Langbein

 Der Compsognathus dachte den ganzen Tag ans Essen.

»Zawinul«, sagte ich zu mir, »bist du ganz sicher, dass es sich nicht um ein Krokodil handelt?«

»Mit solchen Beinen?«, gab Zawinul zur Antwort.

»Eine bisher unbekannte Art von Krokodil?«

»Eins, das hopst?«

»Warum nicht?«

»Zawinul«, sagte ich, »Krokodile kriechen, darum heißen sie Krokodil. Sonst würden sie Hopsodil heißen.«

Mein Dinosaurier hatte sich angewöhnt, neben mir herzuhopsen. Keinen Schritt konnte ich tun, ohne dass er dabei war. Wenn ich versuchte, allein in ein anderes Zimmer zu gehen, fing er an zu jammern. Mal lief er neben dem rechten Bein und mal neben dem linken. Manchmal lief er neben beiden Beinen gleichzeitig. Besonders dann, wenn ich meine Jacke anzog, um nach draußen zu gehen, zog er so enge Kreise um meine Beine, dass ich keinen Schritt mehr gehen konnte. Er zupfte mich am Knie.

»Omps«, sagte der Compsognathus.

»Das wollte ich auch grade sagen.«
»Ich will mit«, sagte er.
»Das geht nicht.«
»Warum nicht?«
»Weil du …,
weil die Leute …,
weil ich …«, sagte ich.
»Weil was?«

Alles, was mir einfiel, waren Ausreden. Eine lange Reihe
von ziemlich dummen Ausreden.
»Stell dich nicht so an, Zawinul«, sagte ich.
»Er kommt mit.«

»Comps«, sagte der Compsognathus.
›Wir werden so tun, als wäre er ein Hund‹, dachte ich,
dann fällt er gar nicht auf. Wir brauchten also eine Leine.
Aber woher die Leine nehmen? Sollte ich bei den Nachbarn klingeln? Sie hatten einen Hund, und vielleicht waren sie so freundlich, mir eine Leine ausleihen. Ich nahm

den Compsognathus auf den Arm, versteckte ihn unter meiner Jacke und klingelte. Erst hörte man Bello aus der Küche. Dann ging die Tür auf.

»Eine Leine?«, sagte der Mann von nebenan. »Für einen Hund? Was für ein Hund denn? Ein junger? Ist er schon stubenrein? Woher kommt er denn? Ein Weibchen oder ein Männchen? Da wird unser Bello sich freuen. Was, es ist gar kein Hund?«

Der Mann guckte mich an wie ein Auto. Das würde ich auch tun, wenn jemand eine Hundeleine ausleihen will und gar keinen Hund hat.

»Danke vielmals«, stotterte ich. »Vergessen Sie es. Bitte entschuldigen Sie die Störung. Auf Wiedersehen.«

Ich klemmte den Compsognathus fester unter die Jacke und ging die Treppe hinunter. Gleich um die Ecke war eine Tierhandlung. Dorthin gingen wir, um eine Leine zu kaufen.

»Was darf es sein?«

»Eine Leine für den Dinosaurier hier.«

Die Verkäuferin sah das Tier freundlich an.

»Wie heißt er denn?«, fragte sie.

»Compsognathus.«

»Compsognathus longipes?«

»Genau«, sagte ich.

Sie nickte. »Ein schönes Exemplar«, sagte sie.

»Sehr gut erhalten.«

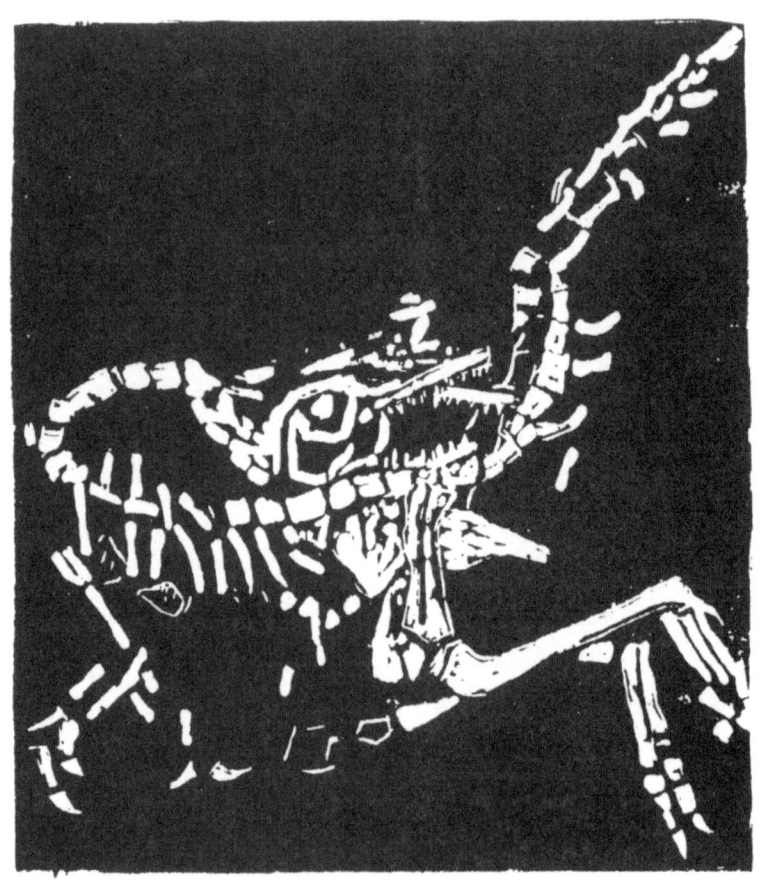

Das schöne Exemplar schaute in der Tierhandlung herum. Von überall her raschelte es. Mein Compsognathus sah auf einmal sehr, sehr hungrig aus. Er atmete schneller. Er sabberte. Und er warf gierige Blicke auf die Tiere in ihren Käfigen und Glaskästen, auf Frösche, Eidechsen, Schlangen, Molche, Mäuse und Vögel.

»Komische Tiere«, krächzte der Compsognathus.

»Die würdest du gern mitnehmen, nicht wahr?«, sagte die Verkäuferin und lächelte.

»Ja«, sagte der Compsognathus.

»Man kann sie kaufen«, lächelte die Verkäuferin.

»Ich will die da vorne«, sagte der Compsognathus. »Die Grünen.«

»Wir brauchen keinen Frosch«, sagte ich.

»Doch!«, sagte der Compsognathus. »Wir brauchen einen Frosch. Jetzt gleich.«

»Nein.«

»Oder das kleine Tier da drüben, das pelzige, bitte.«

»Die Maus?«, fragte die Verkäuferin.

»Wir brauchen keine Maus«, sagte ich.

»Doch!«, sagte der Compsognathus. »Wir brauchen unbedingt eine Maus. Ich habe Hunger.«

Die Verkäuferin öffnete eine Tüte und gab meinem Dinosaurier einen kleinen Wurm.

»Schmeckt gut!«, sagte er.

Dann starrte er wieder die Maus an und versuchte sich loszureißen. Ich bin glücklicherweise stärker als er. Aber er ist imstande, grässlich zu quieken, wenn ihm etwas nicht passt.

»Ein Halsband hat er schon?«, fragte die Verkäuferin.

»Wie bitte?« Ich hielt dem Dinosaurier das Maul zu, damit es einen Augenblick still war.

»Ich habe gefragt, ob er ein Halsband braucht.«

»Ja.«

»Ich will kein Halsband«, quiekte der Compsognathus.

»Hunde tragen auch Halsbänder«, sagte die Verkäuferin.

»Es stört überhaupt nicht.«

»Mir ist es gleich, was Hunde tragen. Das ist ihre Sache. Ich bin ein Compsognathus. Und ein Compsognathus trägt kein Halsband.«

»Du wirst es tragen«, sagte ich, »sonst bleibst du zu Hause.«

»Gnathus«, zischte er wütend.

Komische Tiere

 Als ich ihm die Tür der Tierhandlung aufhielt und er mit Halsband und Leine aus dem Laden hinausrannte, hatte er seinen Ärger vergessen.

Ich fasste die Leine sehr kurz und sagte:
»Pass gut auf. Autos sind gefährlich.«
»Ich habe keine Angst«, sagte der Compsognathus.
»Ein bisschen Angst solltest du haben«, sagte ich. »Das ist vernünftig.«
»Gut, ein bisschen Angst habe ich. Bist du sicher, dass die Autos auf der Straße bleiben? Können sie nicht zu uns heraufkommen und beißen?«
»Sie könnten schon, wenn sie wollten.«
»Und woher weiß man, ob sie wollen oder nicht wollen?«
»Sie dürfen nicht.«
»Du hast gesagt, sie könnten, wenn sie wollten. Und wenn sie nun wollen? Kommen sie dann herauf?«
»Manchmal.«
»Wann?«
»Das weiß man nie.«
»Soll ich lieber wegrennen?«
»Das ist nicht nötig.«

»Oder mich verstecken?«

»Das ist auch nicht nötig.«

»Was dann?«

»Aufpassen.«

Das musste ich dem Compsognathus nicht zweimal sagen. Er hatte sowieso vor, sich alles sehr genau anzusehen. Ich hatte gedacht, wir würden einen ganz gewöhnlichen Spaziergang machen. Aber das war unmöglich. Der Compsognathus blieb bei jedem Auto stehen, das am Straßenrand stand, um es zu begrüßen. Er zweifelte daran, dass Autos gefährlich sind.

»Zawinul«, sagte er, »glaubst du, dass sie mit diesen Gummikrallen überhaupt etwas fangen können?«

»Ja. Sie können.«

»Wie du meinst.«

»Das meine ich nicht, das weiß ich.«

»Wenn du meinst«, sagte der Compsognathus.

Dann watschelte er schweigend neben mir her und schaute sich um, bis er sagte: »Autos sind komische Tiere.

Sie stehen oder rennen, sonst können sie nicht viel. Ich glaube, sie gucken, ohne zu denken.«

»Autos denken nicht.«

»Vielleicht schlafen sie mit offenen Augen?«

»Autos schlafen nicht.«

»Aha. Und warum gucken sie mich nicht an?«

»Autos gucken auch nicht.«

»O? O? O?«, sagte der Compsognathus. »Was tun sie denn sonst, die Autos, wenn sie nicht gucken?«

Ich lachte. Das mochte er überhaupt nicht. Er sagte bloß: »Sie gucken. Guck doch selber.«

»Meinetwegen«, sagte ich. »Sie gucken.« Aber ich glaubte es nicht. Und er wusste, dass ich es nicht glaubte.

»Zawinul«, fing er wieder an, »warum guckt das kleine Blaue so böse?«

»Autos gucken immer so«, sagte ich. Aber das war falsch. Sie guckten alle verschieden, die einen freundlich, neugierig oder nachdenklich, die andern gelangweilt, stolz oder beleidigt. Und nur das blaue Auto starrte so grimmig vor sich hin.

»Vielleicht hat es Hunger?«, sagte der Compsognathus.

»Autos haben keinen Hunger«, sagte ich. Vielleicht stimmte das nicht mehr, seit ich Zawinul hieß und das Unmögliche nicht nur möglich wurde, sondern sich auch sofort ereignete. Ich hätte mich gar nicht gewundert, wenn das Auto in diesem Augenblick ein paar Meter vorwärts gehoppelt wäre zum Gemüsestand und wenn es dann seinen Kühlergrill geöffnet und einen Haufen Salatköpfe verschlungen hätte.

»Grässliches Grünzeug!«, sagte der Compsognathus.

›Zawinul‹, dachte ich, ›wer sagt dir, dass Autos Salat fressen? Vielleicht sind Autos Fleischfresser?‹ Darüber wollte ich nicht nachdenken. Darum erklärte ich, dass Autos mit Benzin vollgepumpt werden und sich nicht fürs Essen interessieren.

»Wie praktisch«, sagte der Compsognathus.

Dann blieb er stehen, zog an seiner Leine und wollte keinen einzigen Schritt mehr laufen.

»Ich bin kein Auto«, sagte er. »Ich habe Hunger.« Er wollte die Tüte mit Mehlwürmern haben, die ich in der Tierhandlung heimlich für ihn gekauft hatte. ›Heimlich‹, dachte ich. Aber ein Compsognathus sieht alles.

Wie groß muss man werden?

Der Dinosaurier war aus meinem Leben nicht mehr wegzudenken. Manchmal stellte ich mir vor, aus meinem Osterei wäre nicht ein Compsognathus, sondern ein Torosaurus gekrochen und sein Schädel würde eines Tages so hoch wie meine Stube. Ich versuchte mir vorzustellen, wie viel so einer zum Fressen braucht. Und hätte es nicht auch ein Kronosaurus sein können, den man am Anfang in der Badewanne aufziehen muss? Bis er mit der Wanne im Maul davonschwimmt. Oder einer von denen, die fliegen wollen? Vielleicht ein Quetzalcoatlus, der zwar nicht mehr wiegt als ein Mensch, aber ein gutes Stück größer ist? Einen Zwerg wie den Anurognathus hätte ich zwar in einen Vogelkäfig stecken können, aber wer weiß denn, ob ein Dinosaurier sich das gefallen lässt?

»Was denkst du?«, fragte der Compsognathus.

»Ich bin froh, dass du ein Compsognathus bist.«

Denn auch wenn er weiterfraß und weiterwuchs, war doch ein Ende abzusehen.

»Ich bin auch froh, dass ich ein Compsognathus bin«, sagte der Compsognathus.

Dann erschien eine Falte auf seiner Stirn.

»Was denkst du?«, fragte ich nun.

»Warum werden die Blumentöpfe kleiner?«

Ich erklärte ihm, dass nicht die Blumentöpfe kleiner wurden, sondern dass er es war, der größer wurde.

»Ich will nicht größer werden«, sagte der Compsognathus. »Ich finde mich gerade richtig, wie ich jetzt bin.«

»Ich glaube, ein bisschen musst du noch wachsen«, sagte ich.

»Ich will aber nicht.«

Wenn ein Compsognathus sich etwas in den Kopf gesetzt hat, hat es keinen Sinn, ihm zu widersprechen. Die Falte auf seiner Stirn war noch nicht verschwunden. Er sagte: »Findest du es etwa gut, groß zu sein?«

Jetzt, wo ich keine Angst mehr hatte, dass er sich vielleicht doch zu einem Diplodocus oder etwas noch größerem auswachsen würde, konnte ich die Wahrheit sagen. Jedenfalls glaubte ich, dass es die Wahrheit war: »Natürlich ist es gut, groß zu sein.«

»Wozu ist es gut?«

»Wer größer ist, ist stärker.«

»Wozu ist es gut, stärker zu sein?«

Darüber hatte ich noch nicht nachgedacht. »Es ist besser«, sagte ich.

»Warum besser?«

»Das ist schwer zu erklären.«

»Mach's kurz«, sagte er.

»Man kann sich wehren.«

»Wehren? Gegen wen?«

»Gegen einen Feind«, sagte ich.

»Ein Feind? Was ist das?«

»Das ist schwer zu erklären«, sagte ich wieder.

»Mach's kurz«, sagte er.

»Ein Feind ist einer, der dich verhauen will.« Ich sagte das, weil ich keine bessere Erklärung wusste, jedenfalls nicht, wenn sie kurz sein musste.

»Warum will der Feind mich verhauen?«, fragte der Compsognathus.

»Weil er ein Feind ist.«

»Und warum ist er ein Feind?«

»Weil er dich verhauen will. Das ist logisch.«

Der Compsognathus fand das nicht logisch.

Ich fing also noch einmal von vorne an. »Ein Feind ist … ein Feind ist … ein Feind ist … einer, der dir was wegnehmen will.«

»Was denn? Die Leine? Wunderbar!«, sagte der Compsognathus.

»Oder dein Essen.«

Das Essen wollte er sich nicht wegnehmen lassen. Nicht, wenn er Hunger hatte. Wenn er keinen Hunger hatte, war es ihm gleich.

Plötzlich wusste ich, was ein Feind ist: »Ein Feind ist einer, der dich fressen will.«

»Fressen? Mich? Ehrlich? Gibt es das? Wie denn?«

»So wie du die Fliege.«

»Das war keine Fliege, das war ein Brummer.«

»Gut«, sagte ich.»Ein Feind will dich fressen, wie du den Brummer.«

»Mich kann man nicht fressen. Dafür bin ich zu groß.«

»Ein Feind, der größer und stärker ist als du, kann dich fressen.«

»Das ist ja schrecklich«, sagte der Compsognathus.»Der Hund nebenan, der immer so bellt, der könnte mich fressen?«

»Vielleicht.«

»Und wie groß muss ich werden, damit mich keiner fressen kann? So groß wie du?«

»Das reicht nicht. So groß wie ein Elefant vielleicht.«

»Elefanten werden nicht gefressen?«

»Selten.«

»Wie groß sind Elefanten?«

»Sehr groß.«

»Größer als Autos?«

»Viel größer. Und früher gab es noch größere Tiere. Aber sogar die Allergrößten wurden gefressen.« Ich zeigte ihm ein Bild von einem Apatosaurus.

»Das Tier kommt mir bekannt vor«, sagte der Compsognathus.

Das Bild zeigte allerdings, wie der riesengroße Apatosaurus von kleineren Dinosauriern zu Boden gerissen und zerfleischt und gefressen wurde.»Du hast gesagt«, meinte der Compsognathus,»wer groß ist, wird nicht gefressen.«

Ich hatte die Antwort auf seine Fragen noch nicht gefun-

den. Darum sagte ich: »Das ist schwer zu erklären …«
Der Compsognathus wollte keine Erklärungen hören.
»Ich bleibe lieber so, wie ich bin. Was zu groß ist, ist zu
groß. Was zu klein ist, ist zu klein. Und ich bin gerade
richtig.«

Probier mal

 Vor dem Abendessen sagte der Compsognathus: »Ich glaube, ich werde doch lieber einer von den andern.«
»Von welchen andern?«
»Von denen, die die andern fressen.«
»Das bist du doch«, sagte ich.
»Ach so«, sagte der Compsognathus. »Dann kann ich gar nicht gefressen werden.«
»Ich glaube doch.«
»Und was kann ich dagegen tun?«
Ich dachte nach. »Ohren und Augen offenhalten.«
»Nichts leichter als das.« Der Compsognathus hörte und sah ohnehin alles.
»Und was ist, wenn mich trotzdem jemand fressen will?«
»Dann musst du schnell sein.«
»O?«, sagte der Compsognathus, stürzte aus der Küche, sprang auf die Fensterbank, warf den Kaktus auf den Boden und rief: »War das schnell genug?« Alles in einer Sekunde.
»Das reicht«, sagte ich.
»Wenn ich will, kann ich noch viel schneller.«
»Zweifellos«, sagte ich, obwohl ich es bezweifelte.

»Und wollen könnte ich noch schneller, als ich könnte«, sagte der Compsognathus. »Wo bleibt das Essen?«

Einen großen Knochen mit viel Fleisch dran hatte ich für ihn gekauft. Er mochte sich seine Bissen gern selber abreißen. Manchmal biss er so heftig in die Knochen, dass seine Zähne abbrachen.

»Pass auf!«, sagte ich.

»Macht nichts. Zähne wachsen immer wieder nach.«

Dinosaurier verstehen nichts von Zähnen, dachte ich. Da wusste ich noch nicht, dass er recht hatte.

Nach dem Essen saß der Compsognathus auf der Fensterbank unter der Kübelpalme und zupfte am Spargelkraut.

»Bitte nicht fressen«, bat ich.

»Was denkst du von mir! Ich vergreife mich doch nicht an Grünzeug. Weißt du, wie das schmeckt? Zum Kotzen!«

Dann legte er seine Stirn in Falten und sagte: »Wie schmecken Dinosaurier?«

»Omps!«, sagte ich.

»Wie bitte?«

»Ich sagte, Paläontologe müsste man sein.«

»Lass den Unsinn. Sag mir, wie Dinosaurier schmecken.«

»Ich habe noch keinen probiert.«

»Es ist wichtig«, sagte er.

Ich schlug vor, ein Stück von seiner Zehe abzubeißen.

Er schlug vor, dass wir die Compsologen fragen.

»Was ist das denn?«

»Du weißt aber auch gar nichts«, stöhnte der Compsognathus. »Hol deine Bücher. Da wird wohl drinstehen, wie ich
schmecke.«

Es stand nicht drin.

Der Compsognathus legte seine Stirn in noch mehr Falten, steckte seine Krallen ins Maul und dachte nach. Das
Ergebnis seines Nachdenkens war: »Ich glaube, dass ich
sehr gut schmecke.«

»Warum auch nicht?«

»O?«, kreischte der Compsognathus. »Willst du mich
fressen?«

  Ich schüttelte den Kopf.

  »Ehrlich?«

  Ich nickte.

Nach weiterem Nachdenken sagte er:»Nur was gut schmeckt, wird gefressen. Wer nicht gefressen werden will, muss schlecht schmecken. Hast du das verstanden?«

Ich hatte es verstanden.

»Und was muss ich tun, um schlecht zu schmecken?«

»Wie soll ich das wissen?«

»Denk nach, es ist wichtig.«

Wenn ich nachdenke, kommt meistens irgendetwas dabei heraus. Aber ob das Ergebnis dann auch stimmt, ist eine andere Frage.»Vielleicht hilft es, wenn du nur Sachen frisst, die scheußlich schmecken«, sagte ich.

Er sah mich ärgerlich an und knurrte:»Gnathus!«

Dann sprang er auf, stürzte zur Balkontür und kreischte:»O?«

»Miau?«, sagte eine Stimme auf dem Balkon.

»O?«

»Eine Katze«, sagte ich.

»Die sieht ja entsetzlich aus«, sagte der Compsognathus.

»Katzen sehen immer so aus.«

»Wahrscheinlich schmeckt sie auch so.«

»Es ist die Katze, deren Futter du frisst.«

»O? Dann muss sie gut schmecken. Leider ist sie zu groß zum Fressen.«

Die Katze hatte bis zu diesem Augenblick regungslos und mit grünen Augen den Compsognathus angestarrt. Sie hörte damit auf, als auf dem Balkongitter ein Spatz landete.

»Omps!«, flüsterte der Compsognathus.

Klein und braun saß der Spatz da, ohne die Katze zu entdecken, die nur ihre Augen bewegte. Als er sie sah, war es zu spät. Die Katze sprang und fing den Vogel.

»Lass mich raus«, sagte der Compsognathus.

Ich schüttelte den Kopf und holte seinen Knochen aus dem Kühlschrank.

»Knochen sind langweilig«, sagte der Compsognathus.

Die Straßenbahn

 Am unteren Ende der Solnhofener Straße ist die Straßenbahnhaltestelle. Als ich noch nicht Zawinul hieß, war das ziemlich weit weg. Und jetzt? Ich zähle die Hausnummern und stelle mir vor, dass jede Nummer eine Million Jahre bedeutet. Das ist eine lange Zeit? Überhaupt nicht. Auf diese Weise geht es viel schneller, und ich bin im Nu bei der Haltestelle angekommen.

»Ich will mit«, sagte der Compsognathus.

»Das geht nicht.«

»Warum nicht?«, sagte er.

»Weil du …, weil ich …, weil die Straßenbahn …«

»Weil was?«

Wieder fiel mir nichts ein als eine lange Reihe von dummen Ausreden. »Stell dich nicht so an, Zawinul«, sagte ich zu mir. »Er kommt mit.«

»Ganz schön groß«, sagte der Compsognathus, als die Straßenbahn kam. »Größer als die andern Tiere, aber dafür nicht so schnell.« Beim Einsteigen zwischen all den fremden Beinen wurde er ängstlich. Ausnahmsweise ließ

er zu, dass ich ihn auf den Arm nahm. Wir setzten uns ans Fenster. Der Compsognathus machte seinen Hals länger und starrte nach vorne. Vor uns saß eine Dame. Er machte seinen Hals noch länger. Ab und zu bewegte er seine kleinen schwarzen Augen.

»Wenn du die Dame störst, bekommen wir Ärger«, sagte ich.

»Pst!«, sagte der Compsognathus.

»Was gibt es denn zu sehen?«

Er drehte seinen Kopf zu meinem Ohr und flüsterte aufgeregt: »Die Dame hat eine Kiste auf dem Schoß.«

»Was ist daran so aufregend?«

»Die Kiste!«, sagte er. »Es ist eine aufregende Kiste. Sie hat keine Wände.«

»Dann ist es keine Kiste.«

»Man kann hindurchsehen«, sagte der Compsognathus, »aber es ist trotzdem was drin.«

»Was ist es denn?«

»Guck doch selber«, sagte der Compsognathus.

Die Dame hatte einen Käfig auf dem Schoß. Darin hüpfte ein blaues Vögelchen umher. Es hüpfte von einer Stange auf die andere, und dann von der andern Stange auf die eine.

»Schmeckt gut«, sagte der Compsognathus.

»Schmeckt nicht gut«, sagte ich.

»Ich werde die Dame fragen.«

Bevor ich ihm das Maul zuhalten konnte, war es auch schon passiert. Er zupfte die Dame mit seinen spitzen Zähnen am Hut. Die Dame drehte sich um und sah mich fragend an.

»Sie«, sagte er, »darf ich Sie bitte etwas fragen? Warum haben Sie einen Vogel?«

»Ich bitte Sie«, gab die Dame zur Antwort, »ich habe doch keinen Vogel.«

»Aber gewiss haben Sie das«, sagte der Compsognathus sanft. »Oder ist das Tier in Ihrem Käfig kein Vogel?«

»Nein, nein,« sagte sie. »Das ist durchaus kein Vogel, nicht wahr, Kiki? Das ist ein Wellensittich, nicht wahr, Kiki? Und jetzt fahren wir zu Mimi, in die Ferien, nicht wahr, Kiki?«

»Vielleicht ist es wirklich kein Vogel«, flüsterte der Compsognathus mir ins Ohr, »obwohl er ganz danach aussieht.«

Dann zupfte er wieder die Dame, um zu sagen: »Ich würde gern noch etwas fragen wegen des Wellensittichs.«

»Ja bitte«, sagte die Dame zu mir. Sie lächelte jetzt.

»Ich wüsste gern, ob er so gut schmeckt wie die Braunen.«

»Es gibt keine braunen Wellensittiche, nicht wahr, Kiki«, sagte die Dame. »Es gibt nur Grüne und Blaue.«

»Hübsch«, sagte der Compsognathus. »Und welche schmecken besser, die grünen oder die blauen?«

Die Dame hatte keine Ahnung. Sie nahm ihren Vogel, redete ihm gut zu und setzte sich anderswo hin, ganz weit vorne.

»Begreifst du das?«, sagte der Compsognathus. »Wozu braucht sie einen Vogel, wenn sie nicht mal weiß, wie er schmeckt?«

»Sie will ihn nicht essen. Sie hat ihn zum Singen.«

»Kann der singen?«

»Ich glaube, ja.«

»Dann soll er mal singen.«

»Er singt nicht in der Straßenbahn.«

»Dann braucht sie ihn ja auch nicht in die Straßenbahn mitzunehmen.«

»Vielleicht kann er sprechen.«

»In der Straßenbahn?«

»Ich glaube nicht.«

»Ich sehe schon, du hast keine Ahnung. Ich werde nach vorne gehen und fragen.«

»Das wirst du nicht«, sagte ich. Ich hielt ihn an den Schultern fest, damit er sitzen blieb. Wir wissen beide, dass ich stärker bin als er. Aber das hilft nicht immer. Ich versuche es dann mit menschlicher Logik, mit eindringlichen Warnungen oder mit klug eingefädelter Überredung. Oder mit allem zusammen.

Der Compsognathus hatte keinen Sinn für Logik, wenn man ihn dabei festhielt. Er hasste Warnungen. Und jede Überredung durchschaute er. Ich hätte ihn erst loslassen müssen. Hätte ich ihn aber losgelassen, wäre er sofort nach vorne gerannt zu der Dame mit dem Vogel. Das hätte Ärger bedeutet. Und Ärger muss man vermeiden, wenn man mit einem Dinosaurier unterwegs ist.

»Zawinul«, sagte ich zu mir, »überleg dir gut, was du jetzt tust. Du bist stärker, du bist klüger. Und was folgt daraus?«

Ich hatte keine Zeit mehr zum Überlegen. Vorne in der Straßenbahn tauchte ein Kontrolleur auf. Zum Glück hatte ich eine Fahrkarte.

Der Kontrolleur schaute erst die Karte an, dann den Compsognathus, dann mich.

»Stimmt was nicht?«, sagte ich zum Kontrolleur.

Er deutete auf meinen Dinosaurier und sagte: »Hunde zahlen die Hälfte.«

»Das ist kein Hund.«

»Katzen zahlen auch die Hälfte.«

»Das ist erst recht keine Katze.«

»Was immer er ist«, sagte der Kontrolleur, »er zahlt die Hälfte.«

»Wo steht, dass Dinosaurier die Hälfte zahlen?«

»Das braucht nirgends zu stehen, weil es keine Dinosaurier mehr gibt.«

»Haha«, sagte der Compsognathus. Ich hielt ihm unauffällig das Maul zu.

Der Kontrolleur schaute den Compsognathus gründlich an, und dann war ihm die Sache klar. Er sagte: »Dinosaurier sind Schreckensechsen, oder? Und Dinosaurier sind ungeheuer groß, oder?«

»Oder sie sind ungeheuer klein«, sagte der Compsognathus.

»Ungeheuer können nicht klein sein. Wenn sie klein sind, sind es keine, basta.«

»Zawinul«, sagte ich zu mir, »pass auf. Wenn ein Satz mit »basta« aufhört, ist er wahrscheinlich falsch. Und wenn ein Mann etwas Falsches gesagt hat, lässt er wahrscheinlich nicht mit sich reden.« So war es.

»Egal, was er ist«, sagte er, »er zahlt die Hälfte.«

Ich versuchte es noch einmal. »Wie viel zahlen Krokodile?«

»Das kommt darauf an, wie groß sie sind«, sagte er, fuhr aber fort: »Ach was. Krokodile fahren nicht Straßenbahn.«

»Und Vögel?«

»Vögel fahren auch nicht Straßenbahn.«

»Vorne in der zweiten Reihe sitzt einer«, sagte ich.

»Wie bitte?«

»Ein blauer«, sagte ich.

»Schmeckt gut«, flüsterte der Compsognathus. »Nicht wahr, Kiki?«

»Halt's Maul!«, flüsterte ich zurück.

»Wie bitte?«, sagte der Kontrolleur.

»Die Frau in der zweiten Reihe hat einen Vogel«, sagte ich. »Im Käfig. Bezahlt der?«

»Nein, nicht im Käfig.«

»Und wenn ein Dinosaurier im Käfig ist, muss er dann nicht zahlen?«

Darüber musste der Kontrolleur erst nachdenken, weil der Fall noch nie vorgekommen war. Ich versuchte, ihn mit Argumenten zu überzeugen. Ich liebe Argumente, auch wenn sie nicht immer zum Ziel führen.

»Hören Sie«, sagte ich. »Ein Käfig braucht viel mehr Platz als ein Vogel oder ein Dinosaurier allein. Das ist logisch.«

»Logisch?«, sagte der Kontrolleur. »Es geht nicht darum, ob es logisch ist. Tiere bezahlen die Hälfte. Und das da ist doch ein Tier, oder? Wenn Tiere im Käfig sind, sind sie keine Tiere, sondern Käfige, und Käfige zahlen nicht.«

Mir kam es seltsam vor, dass Käfige umsonst fahren dürfen. Der Compsognathus kletterte auf meinen Schoß, klappte sich zusammen und flüsterte:»Ich bin kein Tier. Ich bin ein Käfig.«

»Schluss jetzt«, sagte der Kontrolleur.»Wir wissen alle, dass das hier ein Tier ist. Nehmen wir einmal an, es wäre eine Katze. Katzen zahlen, wenn sie fahren, außer wenn sie im Käfig fahren. Der hier sieht zwar aus wie ein Käfig, aber er zahlt. Er ist so gut wie eine Katze.«

Das hörte der Compsognathus nicht gern. Als ich bezahlt hatte, flüsterte er:

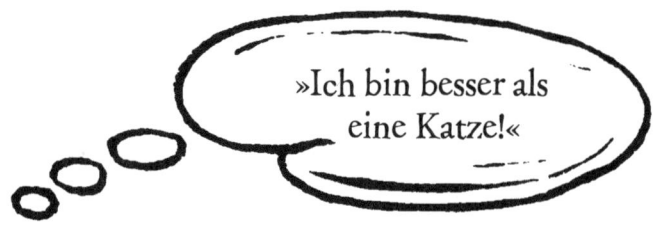

»Ich bin besser als eine Katze!«

Dinosaurier gibt es nicht

Mein Dinosaurierküken war groß geworden. Seine Beine wurden lang und länger und sein Kopf auch. Sein Maul war spitz und voll von Zähnen, die immer mehr zu fressen haben wollten. Mit dem Fleisch, das ich für ihn kaufte, war er nicht zufrieden.

»Dosen sind langweilig«, sagte er. »Und Knochen sind auch langweilig«, fügte er hinzu.

Er fing Fliegen und Libellen, er hatte sogar eine Maus gefangen. Das war bei uns im Keller. Und ich hatte nicht mal gewusst, dass dort Mäuse leben.

»Wie bist du in den Keller gekommen?«, sagte ich. Er legte freundschaftlich seinen Kopf auf meine Hand und sagte: »Du musst nicht alles wissen, Zawinul.«

»Bitte nicht beißen!«, sagte ich.

Er reichte mir mittlerweile bis ans Knie, und zum Glück musste ich nicht damit rechnen, dass er noch viel größer wurde. Mir reichte er auch so. Mein Leben wäre einfacher gewesen, wenn ein Huhn oder ein Papagei aus meinem Osterei geschlüpft wäre.

»Zawinul«, sagte ich jeden Tag zu mir, »warum kannst du nicht wie andere Leute einen Vogel haben? Warum muss es ausgerechnet ein Dinosaurier sein?«

»Ein Compsognathus«, sagte der Compsognathus.

»Ich weiß«, sagte ich.

Denn wenn man ihn einmal hat, hat man ihn nicht nur für zehn Minuten oder zwei Stunden. Man hat ihn die ganze Zeit. Schon früh am Morgen richtete er sich auf und holte Halsband und Leine vom Haken. Das würde ein Huhn nicht machen. Ein Huhn will nicht spazieren gehen. Ein Dinosaurier will das.

»Ein Compsognathus«, sagte der Compsognathus.

»Ich weiß«, sagte ich.

Ich habe versucht, ihn zu Hause zu lassen. Es geht nicht. Kaum bin ich zurück, kaum habe ich ihn beruhigt, klingeln die Nachbarn an der Tür, schauen mich entrüstet an und fragen, warum mein Hund stundenlang jault.

»Ich habe keinen Hund«, sage ich dann.

»Und was sind das für merkwürdige Geräusche?«

»Es muss die Wasserleitung sein«, sage ich. »Oder das Radio. Ich habe vergessen, es abzustellen.« Aber bald werden mir keine Ausreden mehr einfallen. Ich habe mir also angewöhnt, ihn mitzunehmen, wenn ich aus dem Haus muss.

Der Compsognathus zog bereits heftig an seiner Leine, als mein Telefon klingelte. Mein Freund rief an, um zu fragen, wie es sich denn mit einem Dinosaurier so lebt.

»Ganz schön ompsig«, sagte ich.

»Und was heißt das?«, fragte mein Freund.

»Ich erkläre es dir ein andermal. Ich habe grade keine Zeit.«

»Wie bitte?«, sagte mein Freund, weil der Compsognathus so laut war.

»Ich rufe dich wieder an!«, schrie ich in den Hörer.

Der Compsognathus setzte sich aufs Telefon und sagte: »Warum schreist du so, Zawinul?«

Ich klemmte ihn unter die Jacke, bis wir auf der Straße waren. Draußen wurde er meistens für ein Känguru gehalten. Wenn wir hintereinander durch die Solnhofener Straße gingen, er am vorderen und ich am hinteren Ende der Leine, blieben die Leute stehen. Sogar Männer, die es eilig hatten, nahmen sich die Zeit, ihn anzustarren. Wieder war einer dabei, der sich erkundigte, ob der Compsognathus ein Känguru sei, obwohl doch heute jedermann schon mal ein Känguru gesehen hat und wissen könnte, dass die ganz anders aussehen.

»Niemals«, sagte der nächste. »Kängurus haben Beutel, und ich sehe keinen Beutel.«

»Oder ein Gürteltier?«

»Gürteltiere haben Gürtel«, sagte ein anderer.

»Unsinn. Sie heißen nur so. Gürteltiere haben keine Gürtel.«

»Aber Kronenkraniche haben Kronen und Streifenhörnchen Streifen.«

Dann überlegten sie sich, ob die Dampfschiffente ein Dampfschiff hat und die Schleiereule einen Schleier.

»Sonst würden sie nicht so heißen«, sagte eine Stimme.

»Wenn das wahr ist, dann faltet der Zitronenfalter Zitronen«, sagte eine andere.

Sie berieten darüber, ob die Blindschleiche blind und die Taube taub ist. Einig waren sie sich aber über das Schnabeltier. Es hat einen Schnabel. Sie achteten gar nicht mehr auf uns. Wir benutzten die Gelegenheit, um uns davonzuschleichen. Von Weitem hörten wir ihre Stimmen.

»Vielleicht ist es doch ein Strauß?«, sagte einer, der vor langer Zeit einmal einen Emu gesehen hatte. Wir hörten noch, wie er ausgelacht wurde. Dann waren wir im Park.

Den Park mochten wir beide. Aber der Compsognathus mochte nicht, dass er an der Leine gehen musste. Gehen ist auch nicht das richtige Wort. Er watschelte mit seinen langen Beinen neben mir her. Aber das war nicht, was er wollte.

Er wollte rennen.

»Gnathus!«, sagte er.

»Was soll das heißen?«

»Zawinul, soll das heißen, sei so gut und mach sofort diese blöde Hundeleine los.«

»Ich weiß, dass du kein Hund bist«, sagte ich.

»Dann mach schon.«

»Das ist verboten«, sagte ich.

»Was heißt verboten?«

»Dass man es nicht darf.«

»Warum nicht?«

»Weil Menschen oder andere Tiere Angst bekommen, wenn du hier herumrennst.«

»Angst? Wer?«

»Vögel, Mäuse, Schmetterlinge. Die denken, dass du sie fressen willst.«

»Aber dafür sind sie doch da!«, sagte der Compsognathus. Ich zeigte ihm ein Schild, das neben dem Weg stand. Es zeigte einen Hund, der sittsam an seiner Leine lief.

»Ich bin kein Hund«, sagte der Compsognathus.

»Wuff? Wuff! Wuff!«, hörte ich hinter mir. Die Stimme gehörte zu einem Hund. Er spazierte nicht wie der Hund auf dem Schild sittsam an einer Leine. Er hatte keine Leine. Er war nicht besonders groß, nicht besonders klein, aber besonders wütend.

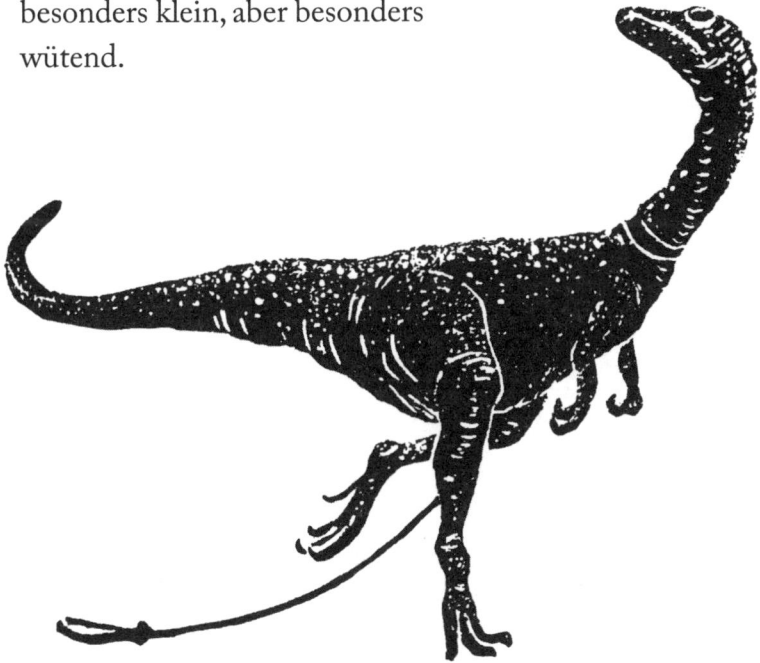

Ich weiß, dass Hunde vernünftige Wesen sind, und habe trotzdem immer ein wenig Angst vor ihnen, vor allem dann, wenn sie die Zähne fletschen und knurren. Mein Dinosaurier benutzte die Gelegenheit, um sich loszureißen und über den Hund herzufallen. Damit hatte der Hund nicht gerechnet. Er rannte davon, und der Compsognathus rannte hinterher. Ich rannte auch, um ihn wieder einzufangen. Ich rannte die Wege entlang, ich stürzte unter jeden Busch, wo ich ein Quieken oder ein Knurren oder ein Kreischen zu hören glaubte. Aber ich fand kein Tier, das so schöne Beine, einen so langen Schwanz und so scharfe Krallen hatte. Nach einer Stunde gab ich es auf und ging allein nach Hause.

Zu Hause war es merkwürdig still. Es war keiner da, der gefüttert werden musste, keiner, der seine Krallen am Sofa wetzte, und keiner, der sich an den Vorhängen festkrallte und vor dem Fenster hin und her schaukelte. Am Abend legte ich mich ins Bett und konnte nicht einschlafen. Ich war traurig und wünschte, der Compsognathus mit seiner Eidechsenhaut und seinen schwierigen Fragen läge in seinem Korb unter dem Bett. Ich hatte mich sehr daran gewöhnt, dass er mich jedes Mal, wenn ich fast eingeschlafen war, wieder aufweckte, indem er sagte: »Pst! Ich muss dich etwas fragen!«

»Bitte, frag mich morgen«, sagte ich dann. »Jetzt will ich schlafen.«

Und er sagte: »Morgen habe ich es vergessen.«

Aber an diesem Abend lag er nicht unter meinem Bett und störte mich nicht beim Einschlafen, und das störte mich beim Einschlafen. Außerdem ging mir durch den Kopf, dass er jetzt in der dunklen Nacht allein im Park war. Die Nächte sind heute nicht mehr so warm wie in der Zeit, als die Dinosaurier lebten. Vielleicht saß er irgendwo im Huflattich und zitterte. Oder er rannte herum, und die andern Tiere im Park zitterten, weil der Compsognathus hungrig war. So schlecht wie in dieser Nacht habe ich selten geschlafen.

»Zawinul«, sagte ich zu mir, »das ist genau das, was du dir gewünscht hast: ein Leben ohne Dinosaurier.« Ich hatte es mir wirklich gewünscht. Mehr als einmal. Aber dass ein Tier, das auf meiner Fensterbank zur Welt gekommen war, mutterseelenallein durch die Nacht irrte, das wollte ich dann doch nicht.

Am andern Tag ging ich wieder in den Park. Ich war entschlossen, ihn zu finden, und wenn ich den ganzen Tag und die ganze Nacht unter den Büschen herumkriechen musste.

Das war nicht nötig. Genau da, wo er davongerannt war, um den Hund zu beißen, hatte er sich hingesetzt. Er hatte seine Leine im Maul, reichte sie mir und sagte vorwurfsvoll: »Wo bist du die ganze Zeit gewesen, Zawinul?«

»Ich?«, fragte ich.

Der Compsognathus spazierte an seiner Leine vor mir her, als hätte er nie etwas anderes getan. Die Leute blieben wieder stehen, wie sie es immer tun, wenn sie einen Dinosaurier sehen.

»Guck mal das Tier da«, sagten sie.

»Ich bin kein Tier da«, quiekte der Compsognathus. »Ich bin ein Compsognathus.«

»Ein Compsowiebitte?«

»Kein Compsowiebitte.«

»Was denn sonst?«

»Ein Compsognathus.«

»Ach so. Und was ist das, ein Gnathus?«

»Ein Dinosaurier.«

Wenn ich das gesagt hatte, drehten sie sich meistens schnell um und gingen weiter. Wir konnten noch hören, wie sie murmelten: »Dinosaurier gibt es nicht.«

»Was soll das heißen?«, sagte der Compsognathus.

»Es soll heißen, dass die Dinosaurier ausgestorben sind.«

»Und was soll das heißen?«

»Dass es den Compsognathus vor hundertvierzig Millionen Jahren gegeben hat und jetzt nicht mehr. Verstehst du? Hundertvierzig Millionen Jahre.«

»Bist du sicher?«, sagte der Compsognathus. »Es könnte doch sein, dass es irgendwo, wo niemand hingeschaut hat, noch einen gibt.«

»Ich glaube nicht.«

»Und warum nicht?«

»Das verstehst du nicht.«

»Zawinul«, sagte der Compsognathus, »willst du damit sagen, dass du es nicht weißt?«

Genau das wollte ich damit sagen. Aber dass ich es nicht weiß, ist nicht mein Fehler. Kein Mensch weiß es. Es gibt Leute, die glauben, die Dinosaurier seien sowieso zu groß gewesen, und sagen: Das konnte ja nicht gut gehen. Das Gegenteil ist richtig. Mit den Dinosauriern ist es besonders lange gut gegangen. Die einen Forscher stellen sich vor, dass eines Tages Vulkanausbrüche die Erde verwüstet und den Himmel verdüstert haben. Andere glauben, ein Himmelskörper sei auf unsere Erde gestürzt. Wieder andere glauben, sie hätten die Einschlaglöcher von zwei Himmelskörpern gefunden, die mehr oder weniger gleichzeitig auf die Erde gestürzt seien.

All das ist möglich. Aber das Aussterben der Dinosaurier ist eine viel längere Geschichte. Der Compsognathus wollte sie hören. Aber ehrlich gesagt, genauer kannte ich sie auch nicht.

Ich sagte: »Über lange Zeit hat es immer wieder neue Dinosaurier gegeben. Andere sind ausgestorben. Und nach und nach war es so weit, dass es gar keine mehr gab. Hast du das verstanden?« »Natürlich«, sagte der Compsognathus. »Aussterben ist die einfachste Sache von der Welt.«

»Im Gegenteil. Es ist eine sehr komplizierte Sache.«

»Wie willst du das wissen?«, fragte er.

»Bist du etwa dabeigewesen?«

»Damals nicht.«

»Das habe ich mir gedacht.«

»Aber heute bin ich dabei.«

»Du hast gesagt, es gibt keine Dinosaurier mehr zum Aussterben.«

»Es gibt andere Tiere.«

»Zum Aussterben?« Er glaubte mir nicht.

»Viele Tiere sterben aus.«

»Stirbt Bello auch aus?«

»Ich glaube nicht.«

»Schade. Aber ich hätte es mir denken können. Ein Tier, das so bellt, kann nicht aussterben.«

»Davon verstehst du nichts.«

Das hätte ich nicht sagen sollen.

Der Compsognathus kreischte, so laut er konnte: »Bin ich ausgestorben oder du?«

Die Ausstellung

 Man sagt oft, es sei eine Freude, ein Tier im Haus zu haben. Ich sage, es kann auch unangenehm werden, besonders dann, wenn das Tier ein Compsognathus ist. Obwohl jeder weiß, dass man auch einen Dinosaurier ab und zu waschen sollte, ließ er es nicht zu. Ich brauchte nur den Wasserhahn aufzudrehen, dann fing er schon an zu quieken und rannte davon. Ich rannte hinterher, bis ich ihn hatte.

»Warte einen Augenblick mit dem Wasser«, sagte der Compsognathus.

»Warum?«

»Ich muss erst nachdenken.«

»Bist du verrückt?«

»Muss man verrückt sein, um nachzudenken?«, fragte der Compsognathus.

Es war nicht einfach, ihn zu waschen. Er konnte sich so schnell bewegen, dass ich kaum wusste, wie ich ihn festhalten sollte. Wenn seine Haut nass war und ganz glatt von Wasser und Seife, gelang es ihm meistens, wegzuhüpfen und sich irgendwo zu verstecken, wo ihn kein Wassertropfen mehr erreichte.

Erst wenn ich mich auch gewaschen und das Wasser abgestellt hatte, tauchte er wieder auf. Und wenn ich dann meine Zeitung lesen wollte, hopste er erst auf meinen Schoß, dann auf meine Zeitung und quiekte: »Lesen ist langweilig!«

»Für dich vielleicht«, sagte ich.

»Ich muss dich etwas fragen«, sagte er als Nächstes.

»Bitte frag mich was Einfaches!«

»Wie viele Dinosaurier gibt es?«

»Es gibt überhaupt keine Dinosaurier mehr«, sagte ich.

»Das meine ich nicht«, sagte mein Dinosaurier. »Ich will wissen, wie viele es früher gegeben hat.«

»Das weiß niemand genau. Viele Hundert. Und jedes Jahr werden es mehr.«

»Du hast gesagt, es gibt keine Dinosaurier mehr. Wie können es dann mehr werden?«

Ich erklärte ihm, wie die Paläontologen in großer Zahl unterwegs sind und nach Resten von Dinosauriern suchen.

»Und? Finden sie welche?«

»Viele.«

»Und was machen sie damit?«

»Sie setzen sie wieder zusammen und versuchen, etwas über das Leben der Dinosaurier herauszufinden.«

»Sehr interessant«, sagte der Compsognathus. Er wollte die Dinosaurier sehen, die die Forscher ausgegraben und wieder zusammengesetzt hatten.

»Du hast Glück«, sagte ich, »im Museum ist eine Ausstellung. Morgen können wir hingehen.«

»Heute«, sagte der Compsognathus.

»Morgen.«

Der Compsognathus quiekte so laut, dass ich fürchtete, die Nachbarn würden gleich wieder klingeln und fragen, was ich mit meinem Hund mache. Ich zog die Jacke an und nahm die Leine. Er hörte sofort auf zu quieken.

Als wir zur Kasse kamen, waren wir die Einzigen, die in diesem Augenblick ins Museum wollten, der Compsognathus und ich.

»Zweimal«, sagte ich.

Ich bekam bloß eine Karte.

»Zwei, bitte«, sagte ich.

Die Frau an der Kasse beugte sich vor. Sie schob ihre Brille etwas tiefer und schaute mich an. Sie schaute um mich herum. Dann sagte sie: »Ich sehe sonst keinen.«

»Es ist auch keiner da«, sagte ich.

Der Compsognathus kniff mich ins Bein.

»Stell dich nicht so an«, zischte ich. Die Frau hatte es gehört. Ich konnte es an ihrem Gesicht sehen.

»Ich möchte trotzdem gern zwei Karten, bitte«, sagte ich. »Wenn es möglich ist.«

»Möglich ist vieles«, sagte sie kopfschüttelnd. Damit waren wir noch nicht drinnen. Ich fasste die Leine vom Compsognathus kurz, führte ihn so unauffällig wie möglich zum Eingang und hielt dem Mann, der dort stand, die Eintrittskarten hin. Er wies mit der Hand auf ein Schild. Es zeigte einen Hund und zwei Striche, um den Hund durchzustreichen. Ich tat, als hätte ich seine Handbewegung nicht gesehen und zog den Compsognathus ein paar Schritte weiter. Der Mann streckte seinen Arm aus und sagte:»Hunde sind nicht zugelassen.«

»Omps!«, sagte ich.

»Wie bitte?«, sagte der Mann.

»Ich habe gesagt, das ist kein Hund.«

»Wirklich? Ich habe etwas ganz anderes verstanden. Aber Pferde, Katzen und Hamster sind auch nicht zugelassen.«

»Das ist kein Hamster.«

»Das sehe ich selber«, sagte der Mann am Eingang.»Ich weiß, wie ein Hamster aussieht.«

»Wahrscheinlich sind Zebrafinken und Kängurus auch nicht zugelassen.«

»Sehr richtig.« Der Mann starrte den Compsognathus an. »Moment mal«, sagte er dann.»Soll das etwa ein Känguru sein?«

»Nein.«

»Schade«, sagte er.»Ich hätte gern einmal ein Känguru gestreichelt. Einmal im Leben. Ein Känguru würde ich reinlassen, obwohl es verboten ist. Aber, verflixt nochmal, wenn es kein Känguru ist, was ist es dann?«

»Ein Compsognathus«, sagte der Compsognathus.

Und ich fügte hinzu:»Hier ist seine Eintrittskarte.« Ich bereute, dass wir nicht gesagt hatten, er sei ein Känguru.

Der Mann tat, als hätte er die Stimme nicht gehört. »Was ist es?«, wiederholte er, indem er mich so ansah, wie es nur Leute tun, die an Eingängen stehen und andere Leute nicht reinlassen wollen, obwohl sie eine gültige Eintrittskarte besitzen.

»Ein Dinosaurier«, sagte ich.

»Dinosaurier gibt es nicht«, sagte der Mann.

»Sie können ihn ruhig reinlassen. Er ist ausgestorben.«

»Ausgestorbene Tiere sind auch verboten«, sagte der Mann. Dann starrte er den Compsognathus an. »Ausgestorben? So, so, so. Und wenn er so ausgestorben ist, was will er dann noch hier?«

»Dinosaurier ansehen.«

»Das wollen alle«, sagte der Mann.

»Langbein«, sagte ich, »wir gehen.«

Ausnahmsweise war der Compsognathus vollkommen meiner Meinung. Draußen fing er wieder an nachzudenken. Dazu blieb er stehen, legte seine Stirn so lange in Falten, bis er sagte: »Dieser Mensch hat keine Ahnung von Dinosauriern.«

»So ist es«, sagte ich. »Und du hast es herausgefunden.«

»Und wie kommen wir jetzt in die Ausstellung?«

»Ganz einfach.« Ich versteckte den Compsognathus unter meiner Jacke, streichelte seinen langen Hals und sagte: »Nicht ompsen!« Er ringelte seinen Schwanz um meinen Rücken und war ganz still. Dann ging ich mit meiner etwas ausgebauchten Jacke wieder hinein, und als wir im großen Saal waren, machte ich den Reißverschluss auf. Er streckte den Kopf heraus. Mit seinen schwarzen Augen schaute er, ohne ein einziges Mal zu ompsen. Wir standen inmitten von vielen vorzeitlichen Tieren. Einige waren ungeheuer groß. Und die, die mittelgroß waren, waren immer noch riesengroß.

Der Compsognathus sah erst die Gerippe, dann mich voller Zweifel an und flüsterte: »Sind das wirklich Dinosaurier? Ich meine, findest du, dass sie mir ähnlich sehen?« Er streckte sein schönes, mit Krallen, Haut, Muskeln, Sehnen, Adern und allem anderen Notwendigen ausgestattetes Bein aus meiner Jacke heraus, damit ich es mit den Beinen in der Ausstellung vergleichen konnte, und sah mir mitten ins Gesicht.

»Ja«, sagte ich.

Er runzelte bloß die Stirn und knurrte: »Gnathus.«

»Du hast recht«, sagte ich. »Du bist viel schöner.«

Das tröstete ihn.

Es dauerte nicht lange, und er sah mich wieder an. Er machte ein Fragezeichen aus seinem Hals und flüsterte:

»Vielleicht bin ich gar kein Dinosaurier.«
»Doch, doch, doch.«
»Das sagst du nur, um mich zu trösten.«
»Was bist du denn sonst, wenn du kein Dinosaurier
bist, hm?«
»Wie soll ich das wissen? Wüsstest du denn, was
du wärst, wenn du kein Mensch wärst?«
Darüber hatte ich noch nicht nachgedacht.

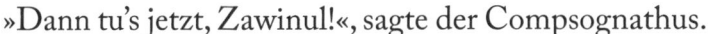

»Dann tu's jetzt, Zawinul!«, sagte der Compsognathus.
Ich dachte nach und sagte: »Ich weiß es nicht.«
»Das habe ich mir gedacht.«
Er schaute sich um und staunte. »Ganz schön viele Kno-
chen!«
Ich nickte.
»Zweitausend«, sagte der Compsognathus nachdenklich,
»und mehr.«
Sie waren alle aus China.
»Ist China weit weg?«
»Sehr weit. Ich zeige es dir zu Hause auf dem Globus.«
Ich fragte mich, wie die vielen Knochen aus China ins
Museum gekommen waren.
»In einundsechzig Kisten«, sagte der Compsognathus.
»Woher willst du das denn wissen?«
»Ganz einfach. Es steht in der Zeitung.«
Ein Dinosaurier, der Zeitung liest? ›Zawinul‹, dachte ich,
›da stimmt etwas nicht.‹
»Lass mich los!«, kreischte in diesem Augenblick der

Compsognathus. Sofort hielt ich ihm sein schönes vorlautes Maul zu. Es war zu spät. Der Wärter erschien im Türrahmen und sah mich an, als hätte ich einen von den kostbaren Knochen gefressen. Ich machte meine Jacke zu und wanderte langsam weiter, wie es andere Leute tun, die sich keinen Compsognathus um den Bauch gewickelt haben und ihm mit dem Ellbogen unauffällig das Maul zuhalten müssen. Es dauerte lange, bis der Wärter mich aus den Augen ließ.

»Mach das nicht noch einmal!«, flüsterte ich.

»Da sind sie!«, flüsterte er. Wir standen vor einem Glaskasten. Darin breitete sich in unwirklichem Licht eine Landschaft aus der Vorzeit aus. Das ganze weite Land war voll von Dinosauriern in verschiedenen Größen, die friedlich weideten und das Laub von den Bäumen pflückten. Aus einem Wald mit merkwürdigen Bäumen brach eine Familie von Tyrannosauriern hervor, als wollten sie sich jeden Augenblick auf einen stürzen, der nicht schnell genug war.

»Schön!«, sagte der Compsognathus.

»Hat es so ausgesehen, als die Erde voll war von Dinosauriern?«, fragte ich ihn. Insgeheim hoffte ich, dass er sich doch an etwas erinnerte.

»Ich glaube nicht«, sagte der Compsognathus.

Lange schaute er noch in den Kasten. Dann runzelte er seine Stirn und flüsterte: »Du hast gesagt, die andern Dinosaurier waren viel größer als ich. Und diese hier sind viel kleiner als ich.« »Es sind nur Figuren.«

»Das hab ich mir gedacht«, sagte der Compsognathus. Er wollte lieber die Richtigen ansehen, auch wenn sie nur aus Knochen bestanden.

Viele Dinosaurier waren in der Ausstellung versammelt. Unter dem größten blieben wir stehen. Er war länger als eine Straßenbahn. Auf vier Beinen stand er, und wenn man zu seinem Kopf hinaufschaute, war die Schwanzspitze ziemlich weit weg.

»So etwas gibt es?«, flüsterte der Compsognathus.

»Hat es gegeben.«

»Ist das praktisch?«, flüsterte er. »Wie kann denn der Schwanz hören, was der Kopf denkt, wenn er so weit weg ist?«

»Keine Ahnung«, sagte ich. »Vielleicht konnte der Schwanz selber denken.«

»Wie heißt er?«

»Der Kopf oder der Schwanz?«

»Lass den Unsinn«, sagte der Compsognathus.

»Lies lieber vor.«

Er meinte die Tafel, die zur Erklärung der ungeheuren Knochen angebracht war. »Mamenchisaurus«, las ich, »geboren vor hundertsechzig Millionen Jahren; Länge zweiundzwanzig Meter, Höhe vier Meter, Gewicht dreißig Tonnen.«

»Und das glaubst du, Zawinul?«

»Natürlich.«

»Höchstens fünfzehn Tonnen«, sagte der Compsognathus.

»Jetzt erzähl mir bloß nicht, dass du dich an den Mamenchisaurus erinnerst.«

Das war dem Compsognathus zu dumm. Er sagte bloß: »Liest du denn keine Zeitung?«

»Ich werde die Zeitung morgen lesen«, sagte ich, »wenn du aufhörst, mich dabei zu stören.«

»Gut«, sagte er. »Nur eins möchte ich noch wissen: Was ist eine Tonne?«

»Das ist schwer zu erklären.«

»Dann lass es. Sagen wir einfach: zehnmal so schwer wie ich.«

»Nein, viel schwerer. Vielleicht dreihundertmal.«

»Das kann ja kein Mensch rechnen«, sagte der Compsognathus.

Eier sind immer zu klein

»Zawinul«, sagte der Compsognathus, als wir zu Hause waren. »Wo hast du mich ausgegraben?«

»Ich habe dich nicht ausgegraben.«

»Woher bin ich dann gekommen, wenn du mich nicht ausgegraben hast?«

»Aus einem Ei«, sagte ich wahrheitsgemäß. Aber wie es mit der Wahrheit oft geht, sie klang unwahrscheinlich.

»Aus was für einem Ei?«, fragte der Compsognathus, und ich konnte hören, dass er mir nicht glaubte.

»Aus einem Osterei, das auf meiner Fensterbank liegen geblieben ist.«

»Gut«, sagte er. »Und wie ist mein Ei auf deine Fensterbank gekommen?«

»Ich habe es im Garten gefunden, unter den Osterglocken.«

»Und wie ist es unter die Osterglocken gekommen?«

»Keine Ahnung.«

»Es ist wichtig.«

»Vielleicht hat das Ei so lange im Boden gelegen und hat sich nun hochgearbeitet.«

»Hundertvierzig Millionen Jahre?«, fragte der Compsognathus.

»Warum nicht?«

»Zawinul«, sagte der Compsognathus. »Das glaubst du doch selber nicht.«

Ich wusste nicht, ob ich es glauben sollte.

Der Compsognathus hörte nicht auf mit dem Nachdenken. Er sagte: »Bist du sicher, dass ich aus einem Ei geschlüpft bin?«

»Ja. Warum?«

»Vielleicht bin ich auch in einer Kiste aus China gekommen. Wie die anderen Dinosaurier.«

»Nein«, sagte ich. »Solche wie dich hat in China noch niemand gefunden.«

»Und wo haben sie solche wie mich gefunden?«

»In Solnhofen«, sagte ich.

»Und das ist nicht in China?«

»Bestimmt nicht. Es ist im Altmühltal.«

Der Compsognathus sagte: »Wenn ich nur wüsste, ob ich dir glauben kann.«

»Solnhofen …«, murmelte er. »China …? Klingt das nicht viel besser? Oder Nizza? Was soll man schon in Solnhofen finden.«

»Dich«, sagte ich, »und die schöne Archäopteryx.«

»Wer ist das denn?«, fragte der Compsognathus.

»Eine Art Täubchen«, sagte ich, »mit Flügeln und Federn.«

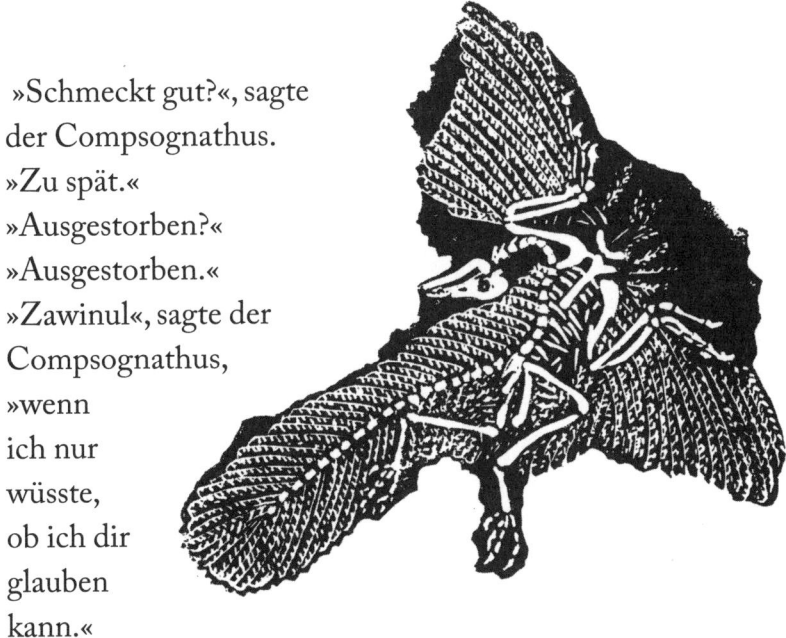

»Schmeckt gut?«, sagte der Compsognathus.

»Zu spät.«

»Ausgestorben?«

»Ausgestorben.«

»Zawinul«, sagte der Compsognathus, »wenn ich nur wüsste, ob ich dir glauben kann.«

Dann wollte er das Ei sehen, aus dem er ausgeschlüpft war. Zum Glück hatte ich es aufbewahrt. Damit, dachte ich, wären alle Zweifel behoben. Ich irrte mich.

»Wer hat es kaputtgemacht?«, sagte er.

»Niemand kann aus einem Ei kommen, ohne es kaputtzumachen.«

Er sah sich die Eierschale an, ließ ein paar Falten auf seiner Stirn erscheinen und fing dann herzlich an zu lachen.

»Zawinul«, sagte er freundlich, »bei dir klappert es. Das ist nicht mein Ei.« Er hob einen Fuß und versuchte, ihn in das Ei zu stellen. »Siehst du das?«

»Ja.«

»Und kannst du mir erklären, wie ein ganzer Compsognathus in diesem kümmerlichen Ei gewesen sein soll, wenn jetzt nicht mal mein Fuß reinpasst?«

»Das kann ich dir sehr gut erklären.«

»O? O? O?«, sagte der Compsognathus.

Ich versuchte gar nicht, es ihm zu erklären.

Als Nächstes sagte er: »Vielleicht bildest du dir das mit den Eiern bloß ein, und ich bin doch in einer Kiste aus China gekommen.«

»Warum sollte mir denn jemand eine Kiste aus China schicken, kannst du mir das sagen?«

»Nein. Aber kannst du mir sagen, warum jemand das nicht tun sollte?«

Das konnte ich nicht.

»Wenn du nicht glaubst, dass es so war«, fuhr der Compsognathus nach längerem Nachdenken fort, »dann war es vielleicht umgekehrt.«

»Wie umgekehrt?«

»Nicht ich bin zu dir gekommen, sondern du zu mir, Zawinul. In einer Kiste aus China.«

»Unsinn«, sagte ich.

»Du glaubst wohl nicht an Kisten«, sagte der Compsognathus.

Ich erklärte ihm, dass ich vollkommen sicher war, nicht aus einer Kiste zu stammen, ob sie nun aus China kam oder sonst woher.

»Gut«, sagte er, »ich will es dir glauben. Wenn du mir dein Ei zeigst.«

»Mein Ei?«

»Nun stell dich nicht dümmer, als du bist, Zawinul. Das

Ei, aus dem du herausgeschlüpft bist. Es muss ganz schön groß gewesen sein.«

Er wollte nicht glauben, dass Menschen keine Eier legen. »Du willst mich wohl vergackeiern«, sagte er. »Aus irgendetwas müssen die kleinen Menschen doch ausschlüpfen. Aus kleinen Autos etwa? Wie die großen Menschen, die immer aus den großen Autos herauskommen?«
»Nicht aus Autos«, sagte ich. »Aus ihrer Mutter.«
»Ohne Schale?«
»Ja.«
»Gehen sie dann nicht kaputt?«

Darüber hatte ich noch nicht nachgedacht. Wer weiß, vielleicht wäre es praktischer, wenn die kleinen Brüder und Schwestern mit einer Eierschale herauskämen. Dann würden sie nicht so viel Lärm machen. Und sie würden auch sonst viel weniger Ärger machen, wenn sie ordentlich eingepackt wären, bis sie groß genug sind. Aber dann müsste eine Mutter die ganze Zeit auf ihrem Ei herumsitzen.

»Das ist nicht nötig«, sagte der Compsognathus.

»Hühner machen das auch.«

»So ein Huhn spinnt doch«, sagte der Compsognathus. »Man legt die Eier einfach in die Sonne, und die Küken kommen von selbst heraus.«

»Nicht bei Hühnern.«

»Ihr könnt es ja mal probieren.«

»Ich glaube nicht, dass das geht«, sagte ich.

»Warum soll das nicht gehen?«

»Weil Menschen keine Eier legen können.«

»Das kann doch nicht so schwer sein«, sagte der Compsognathus. »Jede Meise kann Eier legen.«

»Meisen schon. Menschen nicht.«

Der Compsognathus legte seine Stirn in Falten und fragte sich nun doch im Ernst, warum die Menschen nicht schon lange ausgestorben waren, wenn sie nicht einmal Eier legen konnten. »Ich glaube nicht, dass es euch lange geben wird, wenn ihr so unpraktisch seid«, sagte er.

»Wir sind aber schon ziemlich lange da.«

»Wie lange?«

»Bestimmt ein paar Millionen Jahre.«

»Findest du das lange?«

»Na ja …«, sagte ich.

Er sah sich die beiden Eier an, die noch im Nest lagen. »Blaue Hasen«, sagte er. »Und Goldfische. Wann schlüpfen sie aus?«

Ich erklärte ihm, dass es sich um Ostereier handelte, dass Ostereier gekocht sind und dass aus gekochten Eiern nichts ausschlüpft.

»Wenn ich ausgeschlüpft bin«, sagte er, »werden sie auch ausschlüpfen.«

»Aber blaue Hasen gibt es nicht.«

»Ausgestorben?«, fragte der Compsognathus.

»Nein, nie gegeben.«

»Woher weißt du das?«

Ja, woher wusste ich das? Ich wusste es nicht. Aber ich wusste, dass ich es wusste.

»Und goldene Fische gibt es auch nicht?«

»Doch.«

»Aber nicht aus Eiern???«

»Nicht aus so großen Eiern.«

»Vielleicht wird es ein sehr großer Goldfisch«, sagte der Compsognathus.

»Nein.«

»Wenn es goldene Fische gibt«, sagte er, »dann gibt es auch blaue Hasen. Alles andere ist unlogisch.«

Gibt es das?

»Es ist ein Jammer, dass es keine blauen Hasen gibt«, seufzte der Compsognathus.

»Ja.«

»Und Dinosaurier gibt es auch nicht«, seufzte er weiter. »Stegosaurus, Protoceratops, Apatosaurus gibt es nicht …«

»Ja«, sagte ich. »Es ist ein Jammer, dass es Tiere gibt, die es nicht mehr gibt.«

»Und Goldfische gibt es auch nicht.« Er hörte gar nicht mehr auf zu seufzen.

»Doch«, sagte ich. »Goldfische gibt es.«

»Wo?« Der Compsognathus sprang auf.

»Es ist grade keiner hier.«

»Was für ein Jammer!«

»Aber es gibt Goldfische. Auch wenn keiner hier ist.«

»Gut, dass es das gibt!«, sagte der Compsognathus. »Nur eins verstehe ich nicht, Zawinul. Gibt es nur die Tiere, die es gibt, oder gibt es auch die, die es nicht gibt?«

»Natürlich gibt es nur die, die es gibt. Das ist logisch. Und die, die es nicht gibt, gibt es nicht. Das ist auch logisch.«

»Das heißt, es gibt nur die, die es gibt?«

»Natürlich.«

»Und die, die es nicht gibt, gibt es nicht?«

»Natürlich nicht. Wie soll es denn etwas geben, was es nicht gibt?«

»Doch, das gibts«, sagte der Compsognathus.

»Das gibts nicht«, sagte ich.

»Vorhin hast du selber gesagt, es gibt Dinosaurier, die es nicht gibt.«

»Omps«, sagte ich.

»Nicht ompsen, Zawinul«, sagte der Compsognathus.

»Denken.«

»Ich habe gesagt«, sagte ich, »dass es Dinosaurier gibt, die es nicht mehr gibt.«

»Also gibt es sie nicht«, sagte der Compsognathus.

»Genau.«

»Also gibt es das, was es nicht gibt, doch!«

»Nein. Es gibt etwas, was es nicht gibt.«

»Ist das nicht dasselbe?«

»Überhaupt nicht.«

»Ist das logisch?«, fragte der Compsognathus.

Was sollte ich dazu sagen? Nur ein Wort, und das hieß:

Das Tohuwabohu

 Seit ich diesen Dinosaurier hatte, verging die Zeit so schnell wie noch nie. Der Sommer hatte kaum angefangen, da war er auch schon vorbei. Die Blätter fielen von den Bäumen. Der Compsognathus glaubte, dass sie das taten, um ihm eine Freude zu machen. Er sprang, er hüpfte, er hopste. Oder er stand ganz still und horchte. Und sobald irgendwo etwas raschelte, sprang er los, um es zu packen. Wenn es sich dabei um etwas Lebendiges handelte, fraß er es auf. Wenn nicht, ließ er es fallen. Er stand so gut auf seinen beiden Beinen, dass er ohne langes Überlegen springen konnte. Er brauchte sich nicht einmal umzudrehen. Wenn es hinter ihm raschelte, drehte er sich im Sprung.

Dann wurde es Winter.
Der Compsognathus blieb in der Tür stehen, hielt seine Nase hinaus und sagte: »Was soll das?«
»Es ist Winter«, sagte ich.
»Muss das sein? Ich friere!«
»Ein Dinosaurier friert nicht«, sagte ich.

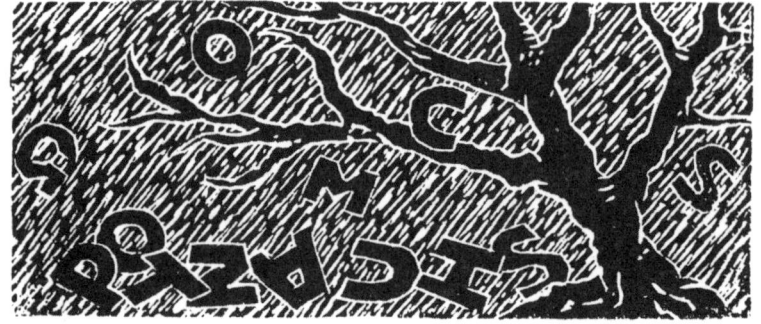

»Das mag stimmen. Aber ich bin ein Compsognathus, und ein Compsognathus friert. Willst du mal fühlen?«
»Du bist ganz warm.«
»Natürlich bin ich warm. Darum friere ich ja.«
Draußen schneite es.
»Hübsch«, sagte der Compsognathus. »Aber zu kalt.«
Ihm war es recht, wenn wir zu Hause blieben. Ihn störte es nicht, wenn er mich störte. Was ich auch tat, der Compsognathus war dabei. Wenn ich meine Sachen aufräumte, schaute er zu. Und er war schneller als ich. Schuhe, die ich unter dem Bett hervorholen wollte, erreichte er vor mir und rannte damit in die Küche. Papierstapel konnte er wie der Blitz auf dem Boden ausbreiten. Wenn ich einen Teller in die Küche bringen wollte, hatte er ihn schon in seinen Krallen und versuchte, den Rand abzubeißen. Ich räume selten auf. Aber ab und zu muss es sein.
»Ist das Arbeit?«, fragte er.
»Ja.«
»Arbeit ist schön«, sagte der Compsognathus. »Ich könnte stundenlang zuschauen.«

»Das nennst du zuschauen?«, sagte ich. »Ich finde, es stört.«

Ausnahmsweise hüpfte er aufs Bett und schaute nur zu, bis ich fertig war. Ich war zufrieden: auf dem Bett war außer einem kleinen Dinosaurier nur Bettzeug, auf dem Tisch nur Papier und auf dem Fußboden gar nichts. Es sah großartig aus.

»So gefällt es mir schon besser«, sagte ich.

»Ich will auch arbeiten«, sagte der Compsognathus. Er fing damit an, alles hervorzukramen, was noch unter dem Bett war. Es kam eine Menge Holz zum Vorschein, welches zu einem Stuhl gehörte. Ich hätte ihn längst wieder zusammenleimen sollen. Seit dem ersten Kapitel lag er nun schon unter dem Bett.

»Omps!«, sagte der Compsognathus.

»Hör sofort auf!«, sagte ich.

Er hörte aber nicht auf. Ich versuchte, ihn daran zu hindern, aber wieder war er schneller als ich. Und er fand viel mehr unter dem Bett als das bisschen Holz. Einen Kamm, einen Kugelschreiber und Kleider. Ich will nicht alles aufzählen. Am Ende zog er meinen Koffer hervor und räumte jeden einzelnen Gegenstand aus, den ich zum Verreisen brauche. Als er fertig war, sah das Zimmer schlimmer aus als am Anfang: alles drunter und drüber.

Der Compsognathus sah sich das Ergebnis seiner Arbeit an und sagte: »So gefällt es mir schon besser.«

Mir gefiel es weniger.

»Ein Tohuwabohu!«, sagte ich.

»Was willst du damit sagen?«, fragte der Compsognathus.

»Kraut und Rüben!«, stöhnte ich.

Er sah mich verständnisvoll an und stöhnte ebenfalls: »Grässliches Grünzeug!«

»Wie soll ich das wieder in Ordnung bringen?«

»Ich verstehe nichts von Kraut und Rüben«, sagte der Compsognathus und sprang aufs Bett. Dort blieb er sitzen und sah mir zu. Mühsam versuchte ich, die Sachen wieder zu ordnen.

Als ich das Holz unters Bett schieben wollte, bekam ich einen Splitter in den Daumen. Es blutete.

»Schmeckt gut!«, sagte der Compsognathus.

Ich knurrte: »Gnathus!«, klebte ein Pflaster auf meinen Daumen und arbeitete weiter.

»Zawinul«, sagte mein Dinosaurier nach einer halben Stunde nachdenklich, »du solltest nicht so viel arbeiten.« Ich war noch immer nicht fertig und brummte wütend: »Hör auf! Dich gibt es überhaupt nicht! Du bist ausgestorben!«

»Wie du meinst«, sagte der Compsognathus.

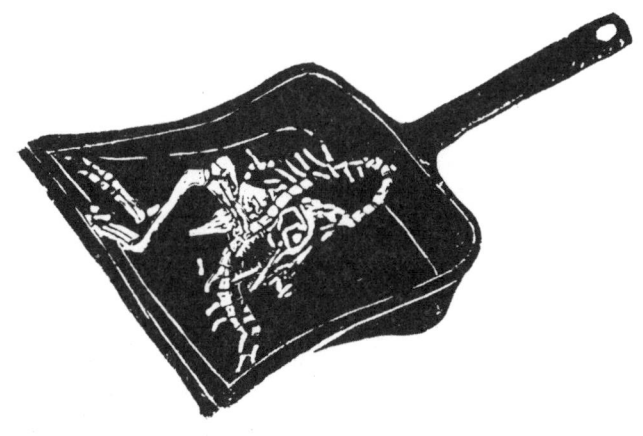

Halt den Schnabel

Der Ärger hörte gar nicht mehr auf. Die Nachbarn klingelten und sagten, sie hätten genug von meinem Köter. Dass ich keinen Hund hatte, interessierte sie nicht. Sie wollten wissen, wer ihren Bello gebissen hatte, als er im Treppenhaus unterwegs war.

»Ich war es nicht«, sagte ich.

Mein Dinosaurier hatte viel gelernt. Er konnte Schnürsenkel aus den Schuhen ziehen. Er konnte sich in Jackenärmeln oder Hosenbeinen verstecken. Er konnte jeden Tag ein neues Versteck für den Hausschlüssel finden. Mein Dinosaurier hatte gelernt, den Kühlschrank aufzumachen. Und wenn ein Dinosaurier einen Kühlschrank aufmacht, dann räumt er ihn auch aus. Außerdem hatte er gelernt, die Balkontür zu öffnen, und eines Tages hörte ich schrille Schreie auf dem Balkon. Er prügelte sich mit der Katze, die uns wieder einmal besuchen wollte. Ich goss einen Eimer mit Wasser über die beiden Tiere und zerrte den wütenden Compsognathus in die Wohnung.

»Die blöde Mieze hat mich gekratzt!«, sagte er.

»Und du hast nicht gekratzt?«

»Beißen ist besser!«, sagte der Compsognathus.

Es klingelte an der Wohnungstür. Fremde Leute forderten mich auf, besser auf meinen Hund aufzupassen. Ihre Katze war mit blutendem Fell nach Hause gekommen. Ich hatte nicht den Mut, ihnen zu sagen, dass ich gar keinen Hund besitze.

Ich musste mit einem Menschen sprechen. Ich rief meinen Freund Zawinul an, der so freundlich gewesen war, mir seinen Namen abzutreten, und deshalb heute nicht mehr Zawinul heißt.

»Was soll ich tun?«, fragte ich. »Ich habe einen Dinosaurier, der bringt alles durcheinander. Du weißt ja, wie Dinosaurier sind. Er lässt mich nicht mal die Zeitung lesen.«

»Warte, bis er eingeschlafen ist«, sagte mein Freund. »Dann kannst du in Ruhe lesen.«

»Ist das alles, was dir dazu einfällt?«

»Ja«, sagte er.

Würde er noch Zawinul heißen, wäre ihm etwas Besseres eingefallen. »Auf eine solche Idee kann ich auch allein kommen. Dafür brauche ich dich nicht anzurufen.«

»Wenn das so ist«, sagte er, »dann kannst du es ja lassen.«

»Darauf kannst du dich verlassen.«

Kein Mensch hat eine Ahnung, wie ein Dinosaurier schläft. Meiner schlief überhaupt nie richtig. Nicht auf die Art, wie wir schlafen. Er war ständig bereit, wieder aufzuwachen, sobald etwas Spannendes geschah. In seinen Augen war alles spannend, was ich tat, und darum konnte ich nicht mal die Zeitung lesen, ohne dass er mich dabei störte.

»Wenn das so ist«, sagte er, »dann kannst du es ja lassen.«

»Warum blätterst du nicht um?«, konnte er plötzlich fragen, wenn ich dachte, dass er fest schlief. Dabei hatte er ganz still dagelegen und bloß hin und wieder mit seinen Krallen gezuckt. Ich stellte mir vor, wie er von den Riesenlibellen des Mesozoikums träumte oder von winzigen Pelztieren, die zwischen dem Geröll herumhuschten und schwer zu fangen waren. Er schmatzte im Schlaf und sagte gleichzeitig: »Lesen ist langweilig.«

»Halt den Schnabel!« Ich wollte weiterlesen.

»Was ist ein Schnabel?«

»Das, was ein Vogel mitten im Gesicht hat.«

»Ich bin kein Vogel«, sagte der Compsognathus.

»Fast«, sagte ich.

»Aber nicht ganz.«

»Halt trotzdem den Schnabel. Bitte.«

»Schnabel ist ein komisches Wort«, sagte der Compsognathus. »Sch-nabel! Schn-abel! Schna-schna-schna-bel-bel-bel!«

»Ruhe!«

»Omps!«, sagte der Compsognathus.

»Sag bitte auch nicht Omps.«

»Warum sagst du ›halt den Schnabel‹, wenn ich gar keinen Schnabel habe?«

»Das sagt man so.«

»Bei mir musst du es anders sagen.«

»Gern. Halt die Schnauze.«

»Ich hab auch keine Schnauze«, sagte der Compsognathus.

»Dann halt die Klappe.«

»Ich soll eine Klappe haben? Bei dir klappert's wohl.«

»Dann halts Maul.«

»Warum?«

»Ich will lesen.«

»Sag das doch gleich. Du kannst ruhig lesen. Es stört mich nicht«, sagte der Compsognathus.

So ein Dinosaurier hat gut reden. Ich beschloss, mit dem Lesen aufzuhören und stattdessen erst einmal den Stuhl zu reparieren. Ich holte Kneifzange, Hammer und Nägel. Ich holte auch den Leim und die Schraubzwingen. Das hat ein Dinosaurier gern. Natürlich wird er erst einmal alle Nägel verstreuen. Dann wird er sich mit dem Hammer auf die Krallen schlagen. Schließlich werden seine Zähne sich mit Leim verkleben. Aber einen Compsognathus stört das nicht. Wenn er sich einen Zahn ausbeißt, wird er nachwachsen.

Es dauerte nicht lange, und der Stuhl stand vor mir und sah wieder ganz ähnlich aus wie früher. Sogleich sprang der Compsognathus hinauf, streckte sich auf dem Sitz aus, und der Stuhl brach wieder zusammen, weil der Leim noch nicht trocken war. Ich fing mit der Arbeit von vorne an. Und als ich fertig war, band ich den Compsognathus mit seiner Hundeleine am Bett fest.

»Ich bin kein Hund«, knurrte er.

»Ich weiß.«

»Halt den Schnabel!«, sagte der Compsognathus.

»Ich habe keinen Schnabel.«

Er war wütend. Er riss an der Leine und bellte: »Ich bin kein Hund!«

»Schluss jetzt«, sagte ich. »Mir reicht es. Dinosaurier gibt es nicht.«

Seit ich mit einem Compsognathus herumlief, hatte ich nichts als Ärger. Auf der Straße blieben die Leute stehen. Die Nachbarn hielten mich für verrückt. Meine Freunde stöhnten, wenn ich anrief. »Alles Unsinn!« Das war alles, was sie noch sagten.

Der Compsognathus ließ nicht zu, dass ich an etwas anderes dachte als an den Compsognathus. Und wenn er schlief, dachte ich daran, dass ich an nichts anderes denken konnte. Es war unmöglich, noch irgendetwas Vernünftiges zu tun.

»Dinosaurier gibt es nicht«, wiederholte ich.

»Außer mir«, sagte der Compsognathus.

»Und ob es dich wirklich gibt – das ist nicht sicher. Ich glaube, ich habe dich bloß ausgedacht.«

»Das könntest du? Mich ausdenken?«

»Ich kann mir noch viel mehr ausdenken.«

Der Compsognathus erschrak. »Vielleicht hast du mich ganz falsch ausgedacht.«

Das ist möglich. Hundertvierzig Millionen Jahre sind eine lange Zeit. Und ich denke mir nicht alle Tage einen Dinosaurier aus. Da kann man schon mal einen Fehler machen.

»Hör zu, Langbein«, sagte ich. »Ich habe mir Mühe gegeben, dich richtig auszudenken. Aber das ist nicht einfach.
Der Compsognathus hat vor langer Zeit gelebt, als es
noch keine Menschen gab.«

»Und jetzt gibt es Menschen?«

»Das siehst du doch«, sagte ich.

»Vielleicht hast du die auch bloß ausgedacht«, sagte der
Compsognathus. »Wenn du dir Dinosaurier ausdenken

kannst, kannst du auch Menschen ausdenken.«

»Das glaube ich nicht, dass ich die Menschen bloß ausgedacht habe. Aber ehrlich gesagt, ich weiß nicht mehr, was ich glauben soll.«

»Vielleicht«, fuhr der Compsognathus fort, »wenn du dir die Menschen ausgedacht hast, hast du dir auch die Autos ausgedacht und die Straßenbahn? Könntest du das?«

»Ich weiß nicht.«

»Und die Straßen, auf denen sie fahren. Und die Bäume am Straßenrand. Und die Vögel in den Bäumen und die Lieder, die die Vögel singen. Könntest du das?«

»Ich weiß es nicht.«

»Vielleicht gibt es all das nicht. Den Stuhl gibt es nicht. Und die Zeitung, die du lesen willst, gibt es auch nicht.«

»Könnte ich das?«

»Warum nicht?«, sagte der Compsognathus.

»Weil es schwer ist.«

»Es kann doch nicht so schwer sein, sich auszudenken, dass es das gibt.«

Er hat recht, dachte ich. Schwierig wird es erst, wenn es wirklich da sein muss. Ausdenken kannst du dir viel, besonders wenn du Zawinul heißt.

Dann grinste der Compsognathus und sagte: »Und dich selbst gibt es auch nicht, weil du dich bloß ausgedacht hast.«

»Halt den Schnabel!«, sagte ich. Dabei dachte ich: Wer weiß, ob er nicht recht hat.

So weit ist es mit mir gekommen. Ich weiß nicht, ob ich mich selbst ausgedacht habe, oder ob ich mir bloß ausgedacht habe, dass ich mich ausgedacht habe.

Ich ging ans Fenster und sah hinaus. Das ist ein guter Platz zum Nachdenken. Ich schaue dann eine Weile zum Himmel hinauf, wo die Wolken wandern, und es dauert gar nicht lange, bis mir etwas einfällt. Nach wenigen

Minuten war es so weit. »Zawinul«, sagte ich zu mir, »mach dir keine Sorgen. Es gibt dich. Denn wenn es dich nicht gäbe, könntest du nicht hier stehen, den Wolken zusehen und darüber nachdenken, ob es dich gibt oder ob es dich nicht gibt.«

Blaue Hasen gibt es nicht

 Es war Nachmittag. Das Haus war still außer dem bekannten Rauschen, Türenschlagen, Klingeln und Bellen. Aus allen Richtungen Musik. Ich stand wieder einmal am Fenster und dachte: ›Das gibt es nicht‹. Ich sah noch einmal auf die Fensterbank. Und auch als ich zum dritten Mal hinsah, war es das Gleiche.

»Zawinul«, sagte ich, »vor dir steht das grüne Osternest mit zwei uralten Ostereiern. Das eine ist mit Goldfischen bemalt und das andere mit blauen Hasen. Alles andere ist unmöglich.«

Trotzdem, die Eier waren weg. Nur Schalen lagen noch da, und zwar leer.

»Omps!«, sagte ich.

Ich hatte einen Verdacht. Aber ich wollte nicht darüber nachdenken.

Der Compsognathus hockte vor dem Kleiderschrank. Er hatte etwas Rotes in der Hand. Das steckte er ins Maul und verschluckte es. Er schmatzte. Dann sah er kurz zu mir her und flüsterte: »Goldfische sind gar nicht golden. Sie sind rot.«

»Willst du damit sagen, dass du gerade einen Goldfisch gefressen hast?«

»Schmeckt gut«, flüsterte der Compsognathus.

»Omps«, sagte ich.

»Nicht ompsen, Schnabel halten«, flüsterte der Compsognathus.

»Ich habe keinen Schnabel«, sagte ich.

»Halt ihn trotzdem«, flüsterte der Compsognathus.

»He, was ist los?«

»Psssssst!«

›Hier stimmt etwas nicht‹, dachte ich. ›Ein Compsognathus, der die ganze Zeit flüstert, ist unmöglich.‹ Er hatte sich nicht von der Stelle gerührt und starrte unter den Kleiderschrank, wo es sehr dunkel war. In diesem Augenblick konnte ich hören, was los war. Unter dem Schrank scharrte es. Und wenn es unter dem Schrank scharrt, muss jemand unter dem Schrank sein, der scharrt. Das ist logisch. Ich legte mich auf den Bauch. Erst sah ich gar nichts. Dann sah ich ein blaues Ohr. Dann wieder nichts.

»Zawinul«, sagte ich, »das gibt es nicht.«
Der Compsognathus saß unbeweglich und starrte. Ich saß ebenso unbeweglich neben ihm und starrte auch.
»Bist du verrückt geworden?«, sagte ich zu mir. Ich wollte den blauen Hasen sehen, der unter dem Schrank saß. Wenn er unter dem Schrank saß. Leider war es dort zu

dunkel, um etwas zu erkennen. Ich holte eine Taschen-
lampe. Ich glaube, ich muss nicht beschreiben, was ich
dann sah. Jeder weiß, wie ein kleiner Hase aussieht. Und
jeder weiß, wie Blau aussieht. Er schien überhaupt keine
Angst zu haben. Er sah uns vergnügt an und rümpfte un-
aufhörlich und mit einer atemberaubenden Geschwindigkeit seine Nase.

»Warum macht er das?«, fragte der Compsognathus.

»Hasen machen das immer so«, sagte ich.

»Das macht mich rasend«, sagte der Compsognathus.

Der Hase war noch klein und wusste nicht viel. Aber zum
Glück schien er zu wissen, dass es das beste für ihn war,
wenn er unter dem Schrank blieb. Der Compsognathus
ließ ihn nicht aus den Augen. Ich schob die grüne Holzwolle aus dem Osternest in seine Höhle, damit er es sich
gemütlich machen konnte.

»Ich danke Ihnen vielmals«, sagte er. Es war ein etwas umständlicher blauer Hase, und er brauchte ziemlich lange, bis er sich ein Nest gebaut hatte.

Der Compsognathus drehte sich zu mir herum und flüsterte: »Siehst du, Zawinul? Es gibt doch blaue Hasen. Wer hat nun recht gehabt, du oder ich?«

Was sollte ich dazu sagen?

»Außerdem hast du behauptet, dass Hasen nicht aus Eiern schlüpfen.«

»Das tun sie auch nicht.«

Der Compsognathus sah mich lächelnd an, als hätte ich etwas sehr Dummes gesagt.

»Darf ich Sie um etwas zu essen bitten, Zawinul?«, fragte der Hase. Wie konnte ich das vergessen. Auch blaue Hasen haben Hunger. Zum Glück sind sie keine Fleischfresser und freuen sich, wenn man ihnen Karotten und Löwenzahn gibt.

»Grässliches Grünzeug«, sagte der Compsognathus.

»Ich danke Ihnen vielmals«, sagte der Hase.

»Zawinul«, sagte der Compsognathus, »warum redet der Hase so komisch?«

»Hasen machen das immer so«, sagte ich.

Er schwieg. Aber als ich ihn fragte, ob ihm der blaue Hase gefiel, nickte er nachdenklich und flüsterte: »Ich liebe Hasen.«

»Vielleicht könnt ihr Freunde werden.«

»Vielleicht«, sagte der Compsognathus. »Aber nicht,

wenn er immer die Nase rümpft.«

Auf seiner Stirn entstanden Falten, erst eine, dann zwei, dann drei. Er dachte nach, und zwar heftig. Wenn ein Dinosaurier nachdenkt, sollte man ihn in Ruhe lassen. Er war noch nicht ganz fertig mit dem Nachdenken, als er murmelte: »Die Frage ist, wie blaue Hasen schmecken.«

Das war eine von den Fragen, die sich durch bloßes Nachdenken nicht beantworten lassen.

»Wahrscheinlich schmecken sie blau.«

»Farben kann man nicht schmecken«, sagte ich.

»Soll das heißen, dass blaue Hasen genauso schmecken wie grüne?«

»Ich nehme es an.«

»Du weißt es also nicht.«

»Natürlich nicht.«

»Und kannst du mir sagen, wozu es die Farben gibt, wenn sie nicht schmecken?«

Das war wieder so etwas, was ich nicht wusste.

Der Compsognathus wollte es wissen. Er begann, mit seinen Vorderbeinen unter dem Schrank zu angeln. Zum Glück für den Hasen waren diese Vorderbeine zu kurz.

»Hilf mir, ihn rauszuholen.«

»Nein«, sagte ich. »Vielleicht kommt er von selber, wenn du ihm was Liebes sagst.«

Mir war es jedoch lieber, dass der Hase unter dem Schrank blieb. Denn wenn wir schon einmal einen Hasen hatten, wollte ich ihn auch behalten.

Haustiere, sagt man, wirken beruhigend. Man sagt es vor allem von Fischen. Aber nun, da unser Fisch gefressen war, bevor ich ihn gesehen hatte, dachte ich mir, dass ein Hase auch keinen Lärm macht. Warum sollte er nicht beruhigend wirken? Ich sehnte mich nach Ruhe. Insgeheim hoffte ich, dass der Compsognathus sich von nun an mit dem Hasen beschäftigen und mich in Ruhe lassen würde, sodass ich wenigstens ungestört lesen und auch einmal ohne ihn aus dem Haus gehen konnte.

Leider irrte ich mich.

Zwar setzte er sich nicht mehr auf meine Zeitung. Er saß den ganzen Tag regungslos vor dem Schrank und wartete. Aber das war nicht die ersehnte Ruhe. Es war die Stille vor dem Sturm.

In der Nacht schlief ich schlecht. Ich träumte, dass ein Stuhl umfiel und auseinanderbrach. Ich träumte, dass irgendetwas mit unglaublicher Geschwindigkeit durch die stockfinstere Wohnung rannte. Ich hörte ein Poltern. Ich hörte ein Quieken. Schweißgebadet wälzte ich mich auf die andere Seite. Wie Mord und Totschlag hörte es sich an.

»Zawinul«, sagte ich im Traum zu mir, »reg dich nicht auf. Du träumst.«

Dann hörte ich wieder das Herumrennen. Es ging vom Schlafzimmer in die Stube, von da in die Küche, auf den Flur, wieder ins Schlafzimmer, in die Stube und immer so weiter.

Es war einer von diesen Albträumen, die gar nicht mehr aufhören wollen. Ich schrie laut auf und sprang aus dem Bett.

Als ich vor meinem Bett auf die Trümmer eines Stuhls trat, merkte ich, dass es kein Traum war. Mein Stuhl lag zerbrochen am Boden. Das Herumrennen hörte auf. Es wurde sehr still. Der Dinosaurier hockte wieder vor dem Schrank. Ein Hase war nicht zu sehen.
»Was ist mit dem Hasen?«, schrie ich.
»Schrei nicht so.«
»Ich schreie überhaupt nicht«, schrie ich.
»Du bist gemein«, sagte der Compsognathus.
»Jetzt hast du ihn erschreckt.«
»Ich glaube eher, du hast ihn erschreckt.«

Der Hase saß unter dem Schrank, scharrte und tat so, als ginge ihn das alles nichts an. Er rümpfte unablässig seine Nase, wie es seine Art war.

»Bitte seien Sie so gut«, sagte er, »und sperren Sie dieses wilde Tier ein. Es raubt einem ja den Schlaf.«

»Nein«, schrie ich.

»Wie meinen Sie das, Zawinul?«, sagte der Hase, naserümpfend.

»Siehst du?«, schrie der Compsognathus und zeigte wütend auf die Hasennase. »Der Hase hat angefangen.«

»Schluss jetzt!«, schrie ich. »Das ist nicht auszuhalten. Blaue Hasen gibt es nicht. Die hast du dir bloß ausgedacht!«

»Ich?«, fragte der Compsognathus.

»Du! Und wer blaue Hasen erfindet, kann noch viel mehr erfinden.«

Vielleicht, dachte ich, war er es, der Zawinul erfunden hat und nicht umgekehrt Zawinul ihn. Und vielleicht, dachte ich weiter, hat er all das, was ich hier sehe, auch erfunden.

»Ich?«, wiederholte der Compsognathus.

»Du.«

»Willst du damit sagen, dass ich mir den Goldfisch ausgedacht habe, Zawinul?«

»Ja.«

»Und die Gräten im Goldfisch auch?«

»Ja.«

»Und damit willst du sagen, dass es Goldfische nicht gibt, Zawinul?«

»Ja!«

»O? O? O?«, sagte der Compsognathus.

»Gnathus!«, sagte ich.

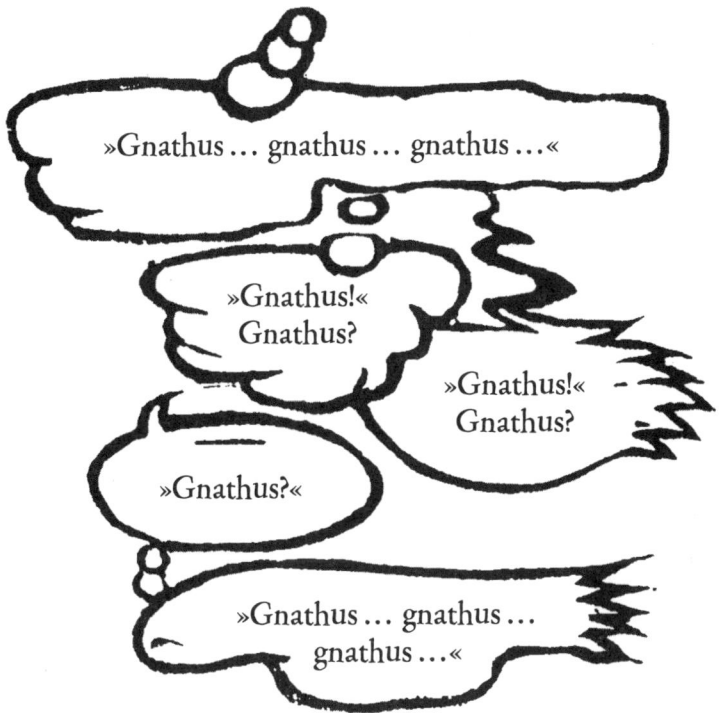

Schluss mit Zawinul

 In der Nacht hatte ich sonderbare Träume. Ich kauerte in einer Spalte zwischen zwei Felsbrocken und schaute sehr aufgeregt einer riesigen Libelle zu, die oben im Sonnenlicht herumflog. Ich fühlte im Traum, wie mir der Saft aus dem Maul lief. Dann konnte ich es nicht mehr aushalten, schoss aus meiner Ritze hervor, riss das Maul auf und – erwischte sie nicht. Wütend ließ ich mich auf die Felsen fallen, und das tat so weh, dass ich aufwachte.

Ich lag auf dem Fußboden vor meinem Bett, schaute mir meine Beine an und stellte zu meiner großen Freude fest, dass ich Zawinul war und kein Compsognathus.

»Comps!«, grunzte ich, zog die Decke vom Bett herunter, um mich zuzudecken, und schlief wieder ein.

Als ich von Neuem aus meiner Felsspalte herausschaute, sah ich, dass das ganze weite Land unter mir voll war von ungeheuren Dinosauriern, die friedlich weideten und das Laub von den Bäumen pflückten. Die Sonne schien. Die Libellen aus dem vorigen Traum flogen um mich herum, aber ich hatte keine Lust mehr, sie zu fressen. Warum nicht?

»Ich hab's«, sagte ich im Traum. »Ich bin gar kein Dinosaurier, ich bin Zawinul.«

Als ich aufwachte, musste ich leider feststellen, dass ich unrecht hatte. Ich war keineswegs Zawinul. Das gibt es nicht, sagte ich zu mir.

Ich rief meinen Freund an. Er war der Einzige, mit dem ich unter diesen Umständen reden konnte. Schließlich wusste er ungefähr, wovon ich redete. Und vielleicht konnte er mir sagen, ob ich ich oder ein Dinosaurier war.

»Ich habe lange nichts mehr von dir gehört, Zawinul«, sagte er.

»Ich habe keine Zeit zum Telefonieren«, sagte ich.

»Warum nicht?«, fragte mein Freund.

»Zawinul, was machst du da?«, quiekte in diesem Augen-

blick der Compsognathus und versuchte, mir den Hörer aus der Hand zu nehmen. Ich war sehr froh darüber, denn nun wusste ich wieder, dass nicht ich der Dinosaurier war, sondern er.

»Ich telefoniere«, sagte ich.

Der Compsognathus drückte auf die Telefongabel, und das Gespräch war zu Ende.

»Wo ist die Stimme jetzt?«

»Weg«, sagte ich und wählte noch einmal. Der Compsognathus wartete, ob die Stimme wieder kam.

»Bist du es, Zawinul?«, sagte mein Freund.

»Ja«, sagte ich. Dann war auch dieses Gespräch zu Ende, weil der Compsognathus wieder auf die Gabel drückte.

»Mach dir nichts draus«, sagte er. »Ich bin sowieso ausgestorben.«

Ich band ihn am Bett fest, denn das Bett ist so schwer, dass er es nicht durch die Wohnung ziehen kann. Ich wählte von Neuem.

»Wie geht es dir?«, fragte mein Freund.

»Es ist nicht auszuhalten«, sagte ich. »Es ist unmöglich. Alles voll von Goldfischen und blauen Hasen. Und dann dieser Dinosaurier.«

»Compsognathus!«, quiekte der Compsognathus.

»Omps!« flüsterte ich.

»Wie bitte?«

»Ich habe gesagt, ich weiß nicht, wie es weitergehen soll.«

Um mir eine Freude zu machen, sagte mein Freund: »Ich

habe herausgefunden, was ›Compsognathus‹ heißt.«
»Lass mich raten«, sagte ich. »Die wilde Maus?«
»Nein.«
»Die schnelle Kralle?«
»Nein.«
»Das kleine Ungeheuer?«
»Auch nicht. Es heißt: das schöne Maul.«

»Sehr passend«, stöhnte ich. »Und nun sag mir bitte, was
ich tun soll.«
»Ich glaube, du musst dir den Dinosaurier aus dem Kopf
schlagen«, sagte mein Freund.
»Aus dem Kopf schlagen?«, sagte ich.
»Kannst du mir sagen, wie man das
macht?«
»Nichts ist leichter als das«, sagte
mein Freund. »Du denkst einfach an
etwas anderes.«
»Danke«, sagte ich.

Aber ich konnte an nichts anderes mehr
denken. Niemand kann das.
Bei Goldfischen geht es. Wenn
du nicht an sie denken willst,
denkst du einfach an etwas anderes.
Bei blauen Hasen ist es schon sehr schwierig.
Ich kann lange Zeit an nichts anderes als
an blaue Hasen denken, wenn ich versuche,

nicht an blaue Hasen zu denken. Beim Compsognathus ist es unmöglich, an etwas anderes zu denken. Und mir reichte es. Was tun? »Zawinul«, sagte ich zu mir, »Dinosaurier gibt es nicht. Das steht fest. Trotzdem ist es schwer, dir den Dinosaurier aus dem Kopf zu schlagen. Und es ist unmöglich, solange du Zawinul heißt. Es hilft nichts, du musst diesen Namen weitergeben.« Ich fragte meinen Freund, ob er wieder Zawinul heißen wollte. Er wollte es nicht.

Morgen werde ich mich auf die Suche machen nach einem Menschen, der Zawinul heißen will. Es ist ein so schöner Name. Er passt zu Frauen und zu Männern. Er passt zu großen und kleinen Kindern und zu allen Leuten, die etwas erleben wollen, was es gar nicht gibt. Mir fällt es schwer, mich von ihm zu trennen. Ausgerechnet jetzt, denke ich, wo er richtig angewachsen ist, dieser Name. Aber es muss sein. Und ich bin sicher, dass es irgendwo jemanden gibt, der ihn gern hätte.

Inhalt

Der neue Name 5

Ein sonderbares Küken 11

Ungeheuer groß 21

Compsognathus Langbein 31

Komische Tiere 37

Wie groß muss man werden? 43

Probier mal 49

Die Straßenbahn 55

Dinosaurier gibt es nicht 63

Die Ausstellung 73

Eier sind immer zu klein 83

Gibt es das? 91

Das Tohuwabohu 93

Halt den Schnabel 99

Blaue Hasen gibt es nicht 109

Schluss mit Zawinul 119

Hanna Johansen, 1939 in Bremen geboren, studierte Germanistik, Altphilologie und Pädagogik und lebt bei Zürich. Von 1967 bis 1969 Aufenthalt in den USA. Sie schreibt für Erwachsene und für Kinder, wurde u. a. ausgezeichnet mit dem Schweizerischen Jugendbuchpreis 1990, dem Kinderbuchpreis des Landes Nordrhein-Westfalen 1991 sowie dem österreichischen Kinder- und Jugendbuchpreis 1993. Zweimal wurde sie für den Hans Christian Andersen-Preis nominiert. Für ihr Gesamtwerk erhielt sie 2003 den Solothurner Literaturpreis und 2008 den Kunstpreis der Stadt Zürich. Ihre Bücher wurden bisher in über 20 Sprachen übersetzt.

NAGEL & KIMCHE

NAGEL & KIMCHE

3. Auflage 2023

© 2023 NAGEL & KIMCHE
in der Verlagsgruppe HarperCollins Deutschland GmbH, Hamburg
Erstveröffentlichung 1992 © Verlag Nagel & Kimche AG, Zürich

Satz und Herstellung: Verlag Nagel & Kimche AG, Zürich
Umschlaggestaltung und -illustration: buxdesign / Carla Nagel
Druck und Bindung: CPI Books GmbH

ISBN 978-3-312-01246-6

Printed in Germany